GÄRTNERN MIT
Hildegard von Bingen

Ursula Kopp

GÄRTNERN MIT *Hildegard von Bingen*

Ausgewählte Heilpflanzen für Hausapotheke und Küche

MOEWIG

Inhalt

Hildegard von Bingen

Die Prophetin, Mystikerin, Theologin, Komponistin, Naturwissenschaftlerin und Heilkundige Hildegard von Bingen ist ein eindrucksvolles Beispiel dafür, welchen hohen Rang auch Frauen im christlichen Mittelalter erreichen konnten. Mittels der von Gott empfangenen „inneren Schau" durfte sie die Zusammenhänge der gesamten Schöpfung sehen. So erkannte sie, dass wahres Gesundsein und Heilungsgeschehen eine enge Beziehung zwischen Mensch und Natur, das harmonische Zusammenwirken von Körper, Geist und Seele sowie die Bindung an Gott als Ursprung allen Lebens bedingt. Nur mit diesem Hintergrund lässt sich Hildegards Naturheilkunde verstehen.

„Und ich kann nicht in Worte fassen, wann und wie ich das Licht schaue; doch wenn ich es schaue, wird alle Traurigkeit und alle Angst von mir genommen, sodass mir dann zumute ist wie einem einfachen Mädchen und nicht wie einer alten Frau."

Geboren wurde Hildegard von Bingen 1098 vermutlich in Bermersheim bei Alzey als zehntes Kind einer adeligen Familie. Das genaue Datum ist unbekannt, da es bis ins späte Mittelalter hinein üblich war, nur die Todestage zu dokumentieren. Hildegard wurde in eine Zeit des Umbruchs hineingeboren. Im Jahre 1054 war es zum verhängnisvollen Bruch zwischen Rom und Byzanz sowie zur Spaltung in eine West- und Ostkirche gekommen. Im Westen tobte der Streit zwischen Kaiser und Papst um die Oberhoheit im Reich. Die Kaiser wollten ihre Rechte erweitern, die machtbewussten Päpste dagegen ihre geistliche Vollmacht auf die politische Ebene weiter ausdehnen. 1097 brach der erste Kreuzzug auf, 1099 wurde Jerusalem von den Kreuzfahrern erobert und damit das Vordringen des Islams vorerst aufgehalten.

Das Gelände der Klosterruine Disibodenberg umfasst ca. 2,5 Hektar. Heute kann es über den Disibodenbergerhof besichtigt werden.

Bingen am Rhein

Erziehung auf dem Disibodenberg

Im Jahre 1106 übergaben ihre Eltern Hildegard Jutta von Sponheim auf dem Disibodenberg zur Erziehung. Diese hatte im Schatten einer mächtigen Benediktinerabtei 1106 eine Frauenklause gegründet. Dort führte sie das Leben einer Klausnerin und leitete eine kleine Frauengemeinschaft. Was heute befremdlich klingen mag, war damals keineswegs unüblich. Seit Generationen waren die Klöster für die bildungshungrigen Mitglieder des europäischen Adels anerkannte Hochburgen klassischer Bildung und Wissenschaft. Der Disibodenberg in seiner noch heute spürbaren geheimnisvollen Entrücktheit übte darüber hinaus seit Jahrhunderten eine nahezu magische Anziehungskraft auf die regionale Bevölkerung aus. Im 7. Jahrhundert hatte hier der irische Mönch Disibod als Einsiedler begonnen und später den Grundstein für ein Kloster gelegt, das zu Hildegards Zeiten bereits weithin bekannt war.

Als zehntes Kind der Familie war Hildegard mittelalterlichem Denken zufolge sozusagen als „Zehnte" (ein „Zehnter" an Gott) für ein geistliches Leben bestimmt. Die Mitgift, die Hildegards Eltern dem Kloster vom Disibodenberg zukommen ließen, sicherte eine angemessene Versorgung der Tochter. 1112 legten die Frauen der Klause das Gelübde ab und wurden Benediktinerinnen. Bald vergrößerte sich die kleine Gemeinschaft, da weitere junge Frauen aufgenommen wurden. Der Alltag in der Frauenklause war geprägt durch den benediktinischen Lebensrhythmus mit seinem Wechsel von Gebet und Arbeit, Studium und gemeinschaftlichem Leben in Einsamkeit. Hier lernte Hildegard Lesen und Schreiben, wurde unterwiesen im Psalmengesang, in der lateinischen Sprache und im Gesang. Auf dem Disibodenberg hat sich Hildegard unter Anleitung von Jutta und dem Mönch Volmar (der später ihr Sekretär wurde) auch eine profunde Bildung und Gelehrsamkeit angeeignet. Obwohl sie sich in ihren Schriften wiederholt als „forma indocta" und „simplex homo", als ungelehrte Frau bezeichnete, verfügte sie jedoch über umfangreiche theologische, philosophische und naturkundliche Kenntnisse. Zu ihren Pflichten in der kleinen Ordensgemeinschaft zählten vor allem aber auch die Krankenpflege und der Gartenbau. Da die Klöster mit Landwirtschaft, Obstanbau und Gartenbau selbst für ihre Nahrungsgrundlagen und die Herstellung von Heilmitteln sorgen mussten, gehörte das Erlernen der dafür nötigen Kenntnisse und Tätigkeiten ebenfalls zu Hildegards Aufgaben. Nach dem Tode Juttas im Jahre 1136 wurde Hildegard zur neuen Lehrmeisterin der kleinen Ordensgemeinschaft gewählt.

Mit acht Jahren wurde Hildegard von ihren Eltern der Benediktinerin Jutta von Sponheim zur Erziehung im Kloster Disibodenberg übergeben.

Begegnung mit dem „lebendigen Licht"

Schon im frühen Kindesalter von drei Jahren hat Hildegard, wie sie es selbst später beschrieben hat, „ein so großes Licht gesehen, dass meine Seele erbebte". In der Begegnung mit dem „lebendigen Licht" schaute sie Dinge, die für andere unsichtbar und auch ihr selbst lange unverständlich blieben. Viele Jahre erzählte sie niemandem von diesen ihren Erfahrungen. Später deutete sie den Einbruch des Lichts in ihr Leben als Zeichen der Erwählung und Berufung von Anfang an.

„Schon als ich im Schoß meiner Mutter heranwuchs, vom Hauch Gottes lebendig gemacht, hat er mir dieses Schauen eingeprägt... Als ich drei Jahre alt war, schaute ich ein so helles Licht, dass ich innerlich erzitterte. Weil ich aber noch so ein kleines Kind war, konnte ich nicht darüber sprechen. Bis zum fünfzehnten Lebensjahr schaute ich vieles, und manchmal erzählte ich es einfach. Aber jene, die es hörten, wunderten sich sehr darüber, woher ich das alles wisse und woher es komme. Nun wunderte ich mich selbst darüber, dass offenbar nur ich diese Schau hatte. Daraufhin schwieg ich über das, was ich schaute, so gut ich konnte."

Das Jahr 1141 stellte einen Wendepunkt in Hildegards Leben dar und war wohl ihr entscheidendes Lebensjahr. Sie hatte erstmals Visionen, und von nun an änderte sich ihr Leben dramatisch.

„Im Jahre 1141 der Menschwerdung Jesu Christi, als ich 42 Jahre und sieben Monate alt war, kam ein feuriges Licht mit Blitzesleuchten vom Himmel hernieder. Es durchströmte mein Gehirn und durchglühte meine Brust. Und plötzlich erschloss sich mir der Sinn der Schriften ... Und ich vernahm eine Stimme vom Himmel, die zu mir sprach: Schreibe auf, was du siehst und hörst... Ich sehe all diese Dinge nicht mit den äußeren Augen und höre sie nicht mit den äußeren Ohren; ich sehe sie vielmehr einzig und allein in meinem Inneren, aber mit offenen leiblichen Augen, sodass ich niemals die Bewusstlosigkeit einer Ekstase erleide, sondern wachend schaue ich dies bei Tag und bei Nacht."

Mit der Gabe der inneren Schau nahm Hildegard den göttlichen Auftrag an und begann niederzuschreiben, was sie in ihren Visionen erkannte.

Mit dem erneuten Einbruch des Lichts in ihr Leben und die damit verbundene Gabe der inneren Schau wurde Hildegard zur hoch geachteten Visionärin. Sie nahm den göttlichen Auftrag an und begann niederzuschreiben, was sie „im lebendigen Licht" erkannte. Sie betrachtete sich dabei, wie die Propheten, als Sprachrohr Gottes. Ihr ging es nicht um eine persönliche Seelenmystik oder Innerlichkeit, sie wollte die Menschen ihrer Zeit wachrütteln und zur Umkehr bewegen.

Die Visionärin

Trotz gesundheitlicher Probleme und äußerer Hindernisse empfing Hildegard weitere Visionen. Mit dem Abfassen des „Liber scivias" (Wisse die Wege) setzte das Schrifttum von Hildegard ein. Sie zögerte allerdings zunächst, ihre Visionen anderen mitzuteilen, weil sie fürchten musste, dass die Menschen sie verspotteten und für verrückt erklärten. Doch unterstützt vom Mönch Volmar, der von 1141 bis 1173 ihr Berater und Sekretär war, begann Hildegard, die Visionen aufzuzeichnen. Noch immer von Zweifeln geplagt, bat sie 1146/47 in einem Brief an den einflussreichen Zisterzienser-Abt Bernhard von Clairvaux (1091 bis 1153) um dessen geistlichen Rat und Beistand. Obwohl Bernhard zurückhaltend reagierte, wurde Hildegard in ihrem visionären Auftrag bestätigt, da ihre Schriften auf der

Bei der Niederschrift ihrer Visionen stand Hildegard zwischen 1141 und 1173 der Mönch Volmar zur Seite.

Synode von Trier unter Vorsitz von Papst Eugen III. (1145 bis 1153), an der auch Bernhard von Clairvaux teilnahm, geprüft und beglaubigt wurden.

Faszinierend an Hildegards Visionen ist nicht nur deren inhaltliche Fülle und Vielseitigkeit, sondern vor allem auch die einzigartige Verknüpfung theologischer, kosmologischer, naturkundlicher und spiritueller Erkenntnisse. Alles Geschaute ist bei Hildegard miteinander verbunden und aufeinander bezogen. Ihr ging es um eine religiöse Deutung des Universums und um ein gelebtes christliches Leben in allen Bereichen. Himmel und Erde, Glaube und Naturkunde, menschliches Leben in all seinen Facetten und Möglichkeiten, waren für sie der Spiegel göttlicher Liebe („speculum divinae caritatis").

Beeindruckend ist dabei Hildegards souveräner Umgang mit Quellen, die sie frei und schöpferisch in ihre Gesamtschau einfließen ließ. Dabei beeindruckt vor allem auch die elementare Sprachgewalt ihrer Bilder, die es dem heutigen Leser allerdings oft auch schwer macht, Hildegards Gedanken und Deutungen nachzuvollziehen.

Bei dem einflussreichen Zisterzienser-Abt Bernhard von Clairvaux suchte Hildegard geistlichen Beistand und Rat.

Namhaffter offenbarungen
zwo Aine sagt der Allt Joachim Die Annder die
heylig fraw Hilldegradis/so jnen vō gott geoffen=
bart ist worden/der propheceyen gar nahend sind
¶ Wo jch nach wenen sol verjehen
was in kürtze soll beschehen
Nymm jch für mich wie zwo person
die ain der anndern reden gan
Die Erst ist Forcht ain anfanng klar
Vermessenhait die Annder zwar

Zahlreiche Menschen suchten bei der Äbtissin vom Rupertsberg Rat.

Neben der Leitung eines Klosters und der Niederschrift der Visionen unterhielt Hildegard auf dem Rupertsberg eine umfangreiche Korrespondenz, von der über 300 Briefe bis in unsere Zeit überliefert sind. Seit 1148 beschäftigte sie sich zudem intensiv mit Gesängen der mittelalterlichen Gregorianik.

Äbtissin auf dem Rupertsberg

Hildegards Ruhm wuchs ständig, ihr eilte der Ruf einer „prophetissa teutonica" (deutschen Prophetin) voraus. Herrscher und Gelehrte des 12. Jahrhunderts standen mit ihr in regem Briefwechsel. Zahllose Ratsuchende pilgerten zum Kloster Disibodenberg, ihr Konvent zog so viele Postulantinnen an, dass das Kloster bald zu klein wurde. In einer ihrer Visionen erhielt Hildegard den Auftrag, ein neues Kloster auf dem Rupertsberg zu gründen. Diesem Plan stand der Abt des Klosters Disibodenberg keineswegs wohlwollend gegenüber, denn nach dem Auszug der Nonnen musste er auf den Pilgerzustrom und auf die damit verbundenen Pfründe verzichten. Trotz einer schweren gesundheitlichen Krise setzte sich Hildegard jedoch durch und erwarb mit Hilfe der Markgräfin von Stade 1147 auf dem Rupertsberg in der Nähe von Bingen ein Gelände für ein neues Kloster.
Nach Fertigstellung des Baus übersiedelte Hildegard 1150 mit 18 Nonnen in das neue Kloster, dessen Kirche am 1. Mai 1152 eingeweiht wurde. Schon bald gelangte das Kloster zu hoher Blüte. Der Rupertsberg wurde zum Zentrum der Kranken und der Hilfe- und Ratsuchenden des ganzen damaligen Rheingaus. Im Jahre 1163 erhielt das Kloster von Kaiser Friedrich I. umfangreiche Privilegien.

Das Kloster Rupertsberg muss eine ansehnliche Anlage gewesen sein, gut geplant und durchdacht, mit einer dreischiffigen Pfeilerbasilika als Zentrum. Hildegards Biograph Wibert von Gembloux berichtete begeistert, dass das Kloster sehr zweckmäßig eingerichtet war und in allen Arbeitsräumen Wasserleitungen verlegt waren. Denn es galt den Ansturm vieler Pilger und Kranken zu bewältigen. Leider wurden die letzten verbliebenen Ruinen 1858 mit dem Bau der Nahetal-Eisenbahn endgültig zerstört. Von dem ehemaligen Langhaus blieben nur noch fünf Arkaden der Mittelschiffwand erhalten.

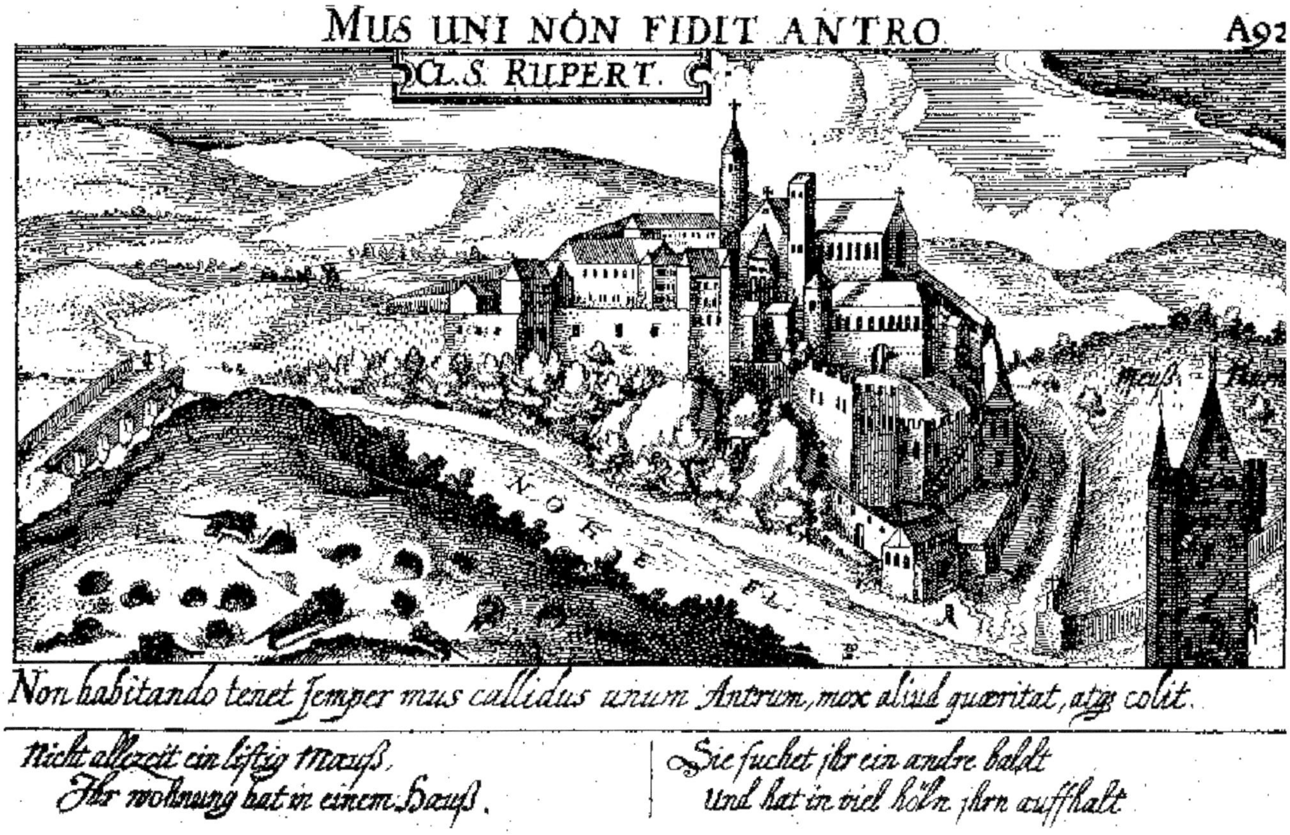

Das Kloster Rupertsberg war gut geplant und durchdacht, mit einer dreischiffigen Pfeilerbasilika als Zentrum.

Eine ungefähre Vorstellung der einstigen Abtei vermittelt die Verkündigungsdarstellung im Hintergrund auf dem Isenheimer Altar von Matthias Grünewald.

Hier auf dem Rupertsberg entfaltete Hildegard ihr reichhaltiges Lebenswerk durch Verfassen zahlreicher Bücher, einer ausgedehnten Korrespondenz mit vielen einflussreichen und mächtigen Persönlichkeiten ihrer Zeit und die Leitung des Klosters. Während des Kirchenschismas von 1159 zeigte sie sich anfangs abwartend, wechselte aber später auf die Seite des Papstes. Im Alter von 60 Jahren begann sie, Missions- und Predigtreisen nach Franken, Lothringen, Trier, Köln und Lüttich zu machen.

Briefwechsel und Predigtreisen

Ihrem umfangreichen Briefwechsel kann man entnehmen, dass Hildegard bereits zu Lebzeiten eine anerkannte Autorität war. Päpste, Kaiser, Fürsten und Äbte, aber auch Priester und Ordensleute sowie einfache Bauern suchten ihren Rat, auch wenn er oft unbequem und nicht immer schmeichelhaft war. In ihren Briefen trug Hildegard als „Posaune Gottes" ihr prophetisches Anliegen wortgewaltig in die Welt. Die 390 überlieferten Briefe zeugen von unerschrockener Direktheit, mahnender Sorge, humorvoller Weitherzigkeit sowie von weit reichender (kirchen-) politischer Einflussnahme. Den wohl bekanntesten Briefwechsel führte sie mit Kaiser Friedrich Barbarossa.

Zu den mächtigen Persönlichkeiten, mit denen Hildegard regelmäßig korrespondierte, zählte auch Kaiser Friedrich Barbarossa.

„Auch du bist ein Diener Gottes, der du eingesetzt bist, Gottes Herde zu leiten und zu schützen. So höre: Gott gab dem Menschen das Gesetz. Deshalb ahme auch du den höchsten Richter und Lenker in seiner Barmherzigkeit nach. Er allein ist der Weg der Wahrheit. Alle Gewalt und Herrschaft geht allein von ihm aus; alles empfängt von ihm seinen Namen. Dem gemäß sollen die Herrscher der Erde ihre Völker regieren ... Möge der Heilige Geist dich also belehren, dass du gemäß seiner Gerechtigkeit lebst und wirkst."

Hildegards seelsorgliche Arbeit galt vor allem aber dem Klerus, der damals zu verweltlichen drohte. Leben und Lehre mussten übereinstimmen, und so schrieb sie an den Klerus von Köln:

„Geliebte Söhne, Gott hat euch eingesetzt, damit ihr leuchtet durch das Feuer der Lehre, glänzt durch euren guten Ruf und die Herzen der Menschen brennen macht... Eure Zungen aber sind stumm. Deshalb fehlen bei euren Predigten die Lichter, wie wenn die Sterne nicht leuchten. Ihr seid Nacht, die Finsternis aushaucht... Ihr solltet eine Wohnstätte sein, in der Gott wohnt. Aber das seid ihr nicht... Ihr schaut nicht auf Gott und verlangt auch nicht danach, ihn zu schauen. Ihr blickt vielmehr auf euch selbst und auf eure Werke und urteilt nach eurem eigenen Gefallen... Ihr müsstet die starken Eckpfeiler sein, die die Kirche stützen, aber ihr seid kein Halt mehr für sie. Deshalb kehrt um und müht euch nach Kräften, diesem Wandel zu entfliehen."

Hildegard forderte Barmherzigkeit und Maßhalten, ermahnte zu mehr Glaubwürdigkeit und Engagement. Ging es um die Wahrheit, kannte sie keine Kompromisse. In Köln predigte sie:

„Ihr liegt am Boden und seid kein Halt für die Kirche, sondern ihr flieht in die Höhle eurer Lust. Und wegen eures ekelhaften Reichtums und Geizes sowie anderer Eitelkeiten unterweist ihr eure Untergebenen nicht. Ihr solltet eine Feuersäule sein, den Menschen vorausziehen und sie aufrufen, gute Werke zu tun."

Hildegards Appelle zu Umkehr und Neuorientierung fanden Gehör, und sie wurde überallhin eingeladen, um öffentlich zu predigen. Trotz ihrer gebrechlichen Konstitution und des fortgeschrittenen Alters unternahm Hildegard vier Predigtreisen in verschiedene Städte, für eine Frau ihrer Zeit äußerst ungewöhnlich. Per Schiff oder zu Pferd reiste sie in den Jahren 1160 bis 1170 in ca. 20 Städte und rief zum Neubeginn im Glauben auf. Die Äbtissin vom Rupertsberg wurde allerorts geachtet, mancherorts auch gefürchtet, immer aber bewundert.

Neugründung in Eibingen

Im Kloster Rupertsberg hatte die standesbewusste Hildegard nur adelige Frauen aufgenommen. Der ständig wachsende Zulauf (bereits 15 Jahre nach seiner Gründung war das Kloster zu klein geworden) sowie der Wunsch auch vieler nichtadeliger Frauen, ins Kloster zu gehen, bewog Hildegard dazu, noch einmal eine Klostergründung in Angriff zu nehmen. Sie kaufte ein leer stehendes ehemaliges Augustinerkloster in Eibingen oberhalb von Rüdesheim und ließ es umbauen. 1165 wurde das neue Kloster eingeweiht, 30 Nonnen bildeten den Konvent. Hildegard war somit Äbtissin von zwei Klöstern und setzte wöchentlich zweimal über den Rhein, um ihre Mitschwestern im neuen Kloster Eibingen zu besuchen.

Hier entstand auch ihr letztes Werk „Liber divinorum operum“ (Buch der göttlichen Werke), eine Betrachtung der Natur im Licht des Glaubens, ein gewaltiges, den gesamten Kosmos einschließendes Werk. Hildegard ließ hier die Welt als Kunstwerk Gottes erstrahlen, in dem der Mensch als Mikrokosmos erscheint, der die Gesetzmäßigkeiten des gesamten (Makro-)Kosmos widerspiegelt. Alles ist darin aufeinander bezogen und wechselseitig miteinander verbunden sowie in Gott untrennbar vereint.

Im Jahre 1165 gründete Hildegard ein Filialkloster in Eibingen, das bis zur Säkularisation 1802 bestand. Seit 1904 ist es wieder ein Benedikinerinnenkloster.

Hildegard starb am 17. September 1179 in ihrem Kloster Rupertsberg. Bei ihrem Tod soll ein helles Licht am Himmel aufgeleuchtet haben.

„So wie der Künstler seine Formen hat, nach denen er seine Gefäße macht, so bildet Gott die Gestalt des Menschen nach dem Bauwerk des Weltgefüges, nach dem ganzen Kosmos... O Mensch, schau dir den Menschen an: Er hat Himmel und Erde und die ganze übrige Kreatur in sich. In ihm ist alles Verborgene schon vorhanden. O wie herrlich ist Gott, der schöpferisch wirkt und seine eigene Herrlichkeit durch die Geschöpfe offenbart. Wenn du zu deinem Schöpfer aufblickst und sagst ‚Mein Gott bist du', dann entzündet sich in dir das Feuer der Liebe, aus der alles Leben entsteht und alles Gute hervorgeht. Du hast also die Wahl, denn du kannst nicht zwei Herren dienen. Darum, o Mensch, schau auf zu deinem Gott - und die Erde wird neu werden!"

In diesen Worten findet sich das eigentliche Vermächtnis Hildegards von Bingen. Sie war ein Stachel im Fleisch von Kirche und Welt und rief jeden Menschen ganz persönlich in die Entscheidung. Sie blieb bis zuletzt Kämpferin für den Glauben sowie Anwältin Gottes und seiner schöpferischen Liebe. Sie hat dafür bisweilen einen hohen Preis bezahlt, wie auch ein Ereignis in ihrem letzten Lebensjahr beweist: Hildegard hatte einen jungen Edelmann, der, vormals exkommuniziert, vor seinem Tod jedoch durch den Empfang der Sakramente wieder in die Kirche zurückgekehrt war, auf dem

Rupertsberger Klosterfriedhof beigesetzt. Der Bischof von Mainz forderte die Exhumierung des Leichnams, doch Hildegard weigerte sich standhaft und verhinderte die gewaltsame Herausgabe, indem sie das Grab unkenntlich machte. Für ihre unbeugsame Haltung wurde sie mit dem Interdikt bestraft, sie durfte nicht mehr öffentlich das Gotteslob vollziehen und die Kommunion empfangen. Zwei Jahre lang rang die Hochbetagte um die Aufhebung des Inderdikts und hatte schließlich Erfolg. Doch der letzte Rest ihrer Lebenskraft war aufgezehrt. Am 17. September 1179 starb Hildegard von Bingen 81-jährig in ihrem Kloster Rupertsberg. Bei ihrem Tod soll ein helles Licht am Himmel aufgeleuchtet haben.

Schon bald nach ihrem Tod gab es Bestrebungen, Hildegard heilig zu sprechen, zumal sie bereits zu Lebzeiten als Heilige verehrt wurde. Die Bemühungen scheiterten jedoch daran, dass sich damals keine Geheilten und Zeugen von Wundern benennen ließen. Und so unterblieb die feierliche Kanonisation bis heute. Ihre Gebeine ruhen in der Wallfahrtskirche Eibingen, wo jährlich an ihrem Sterbetag ein großes Fest gefeiert wird.

Die Schriften der Hildegard

Hildegard hat insgesamt drei Bücher zu ihren Visionen sowie weitere Schriften zu theologischen Fragen der Zeit verfasst. Darüber hinaus schrieb „die erste deutsche Naturwissenschaftlerin“ zwei naturwissenschaftliche und heilkundliche Werke. Das erste, „Physica“, enthält eine umfangreiche Pflanzenkunde sowie eine Tier- und eine Gesteinskunde. Das zweite, „Causae et Curae“, beschreibt das Wesen und die Heilung von Krankheiten. Für ihre Mitschwestern komponierte Hildegard etwa achtzig geistliche Gesänge sowie das erste liturgische Mysterienspiel „Ordo virtutum“.

An ihrem Erstlingswerk „Scivias“ arbeitete Hildegard zehn Jahre. Wie groß die Mühe war, die sie das Schreiben kostete und welche großen inneren Widerstände sie zu überwinden hatte, schildert sie im Vorwort:

„Erst als Gottes Geißel mich auf das Krankenlager warf, legte ich endlich Hand ans Schreiben. Die heftigen Schmerzen erlitt ich deshalb, weil ich die Schau, die mir gezeigt worden war, nicht offenbaren wollte.“

Hildegard war geprägt von einem starken Geist und Willen.

Zeit ihres Lebens litt Hildegard offenbar unter einer chronischen Krankheit, die sie immer wieder aufs Krankenlager warf. Ihr Geist und Willen waren dafür umso stärker. Am Anfang des Werkes verkündet ihr die Stimme Gottes:

„Erschließe ihnen den Schatz der Geheimnisse, den sie selbst in ihrer Verzagtheit in einem entlegenen Acker, wo er keine Frucht bringt, vergraben haben. Ströme also als wallender Quell so weit und ergieße dich so in mystischem Wissen, dass diejenigen, die dich wegen Evas Fehltritt als verächtlich hinstellen, von der Flut überwältigt werden, die von dir ihren Ausgang nimmt."

In ihrem Erstlingswerg „Scivias" schildert Hildegard die ursprüngliche Harmonie von Mensch und Kosmos.

Hildegard schlägt in einer prophetischen Glaubenskunde den großen heilsgeschichtlichen Bogen von der Erschaffung der Welt und des Menschen über das Werden und Sein der Kirche bis zur Erlösung und Vollendung der Welt am Ende der Zeiten. Sie beschreibt in eindrucksvollen Bildern die ursprüngliche Harmonie von Mensch und Kosmos, von Geist und Welt, die erst durch die Sünde des aufbegehrenden Menschen, des „homo rebellis", gestört und immer wieder neu zerstört wird. Ausgangspunkt ihres Denkens ist Gott selbst. Er ist die höchste Kraft aus Feuer („summa et ignavis"). Er ist das Leben („vita"). Er ist der Geist („rationalitas"), der dem Menschen die Kraft zum Denken gibt. Er ist das umfassende und geordnete Leben („integra vita"). Er ist die Liebe („caritas") und die Weisheit („sapientia"). Er ist das Rad („rota"), das ohne Anfang und ohne Ende ist, unendlich und doch immer neu. In ihm existiert die Gesamtheit der Schöpfung, die Gott von Urbeginn an in seinem unendlichen und unbegreiflichen Vorauswissen („praescientia dei") im Herzen trug. Alles Geschaffene ist so von Anfang an auf Gott hin bezogen. Er wartet auf die Antwort des Menschen. Diese kann jedoch nur im Erkennen und Anerkennen der Liebe Gottes gegeben werden. Erst durch diese Antwort gelangt alles Geschaffene selbst zur Fülle des Lebens.

Hildegards Entwurf einer Schöpfungs- und Erlösungstheologie fand 1147 sogar den Weg zur Reformsynode in Trier, an der auch Papst Eugen III. teilnahm. Dieser las den dort versammelten Bischöfen aus Hildegards Schrift selbst vor und beglaubigte damit den Inhalt mit höchster kirchlicher Autorität.

Die natur- und heilkundlichen Schriften

Im Mittelpunkt der natur- und heilkundlichen Schriften Hildegards, die ca. zwischen 1150 und 1165 auf dem Rupertsberg entstanden, steht der Einheits-

und Ganzheitsgedanke. Das nicht mehr erhaltene Originalwerk trug den Titel „Liber subtilitatum diversarum naturarum creaturarum“, wurde aber bereits im 13. Jahrhundert in die beiden Werke „Physica“(Naturkunde) und „Causae et curae“ (Heilkunde) aufgeteilt.

„Physica“ ist in 9 Bücher gegliedert, die in 513 Kapiteln Pflanzen, Elemente, Bäume, Steine, Fische, Vögel, Säugetiere, Reptilien und den Ursprung der Metalle behandeln. Allein zwei umfangreiche Teile davon nehmen die Bände „Von den Pflanzen“ und „Von den Bäumen“ ein. Die Texte greifen u.a. zurück auf das allgemeine Volkswissen über die Anwendung von Kräutern und Pflanzen bei verschiedenen Krankheiten. Sie zeigen deutlich, dass Hildgard viele Rezepte aus ihrer eigenen Erfahrung und Beobachtung angibt. Hildegard beschäftigt sich aber nicht nur mit der Heilung des Menschen, sondern auch mit der Tierheilkunde und dem richtigen Anbau der von ihr genannten Pflanzen.

„Causae et curae“ wurde durch spätere Bearbeitung ergänzt, teilweise auch verfälscht. Dennoch ist das Buch ein wesentlicher Beitrag zur Naturheilkunde und Ganzheitsmedizin, der auch heute noch Gültigkeit besitzt und neue Wege aufzeigen kann. Hildegard befasst sich darin mit den Krankheiten des Menschen von Kopf bis Fuß, mit der Ernährung und Verdauung, mit den Gemütsbewegungen, mit Wachen und Schlafen, Gehen, Stehen, Reiten und gibt Anweisungen über die gesunde Lebensweise.

Ungeklärt ist bis heute, ob alle Teile dieser Werke aus der Feder Hildegards stammen oder später Teile hinzugefügt wurden. Inhaltlich handelt es sich bei beiden Schriften um eine kenntnisreiche Zusammenfassung von volkskundlichen Erfahrungen, antiker medizinischer Überlieferung sowie benediktinischer Tradition.

Auicenna ein artzt

AVicenna ob allen doctorn der ertzney der berümbſt. ein man erleüchter ſynñreichigkeit iſt zu diſen zeiten aller werlt namhaftig geweſt. dañ er was ein herr d ſtat Cordube in hiſpania vñ ein fürſt daſelbſt vnd hohgeflißen zu der ertzney. alſo das er (als ich von den eltern verſtanden hab) in ſeiner ſtatt ein ſpital wonung hat haißen pawen. vnd darin vnzallich vil krancken gelegt vnd ſelbs hayingeſucht. vñ was ein frölicher vñ wunſamer man. vñ machet ein geſangbuch. vñ als man ſagt ſo iſt er alſo iung geſtorben vnd nicht funfzig iar alt worden. doch hat er außerhalb der ertzney in allen künſten geſchryben. wie dañ die gelerten des wol wiſſen haben. alſo das er geweſt iſt der herrlichkeit halben ein fürſt. der vbung ein artzt. vnd in aller geſtalt der lere vnd ſchriftlicher kunſt erfarn. vnd wiewol vil lerer nichtz aigentlichs dauon ſchreyben weñ vnd zu welcher er geweſt ſey. So iſt doch vnzweyfellich das er zu den zeitē ſant auguſtins nicht gelebt hat als doch ettlich irrende wenen wöllen. dañ der heilig Auguſtinus iſt ſchier tawſent vnd zehen iar vor diſer zeit in leben geweſen. zu derſelbē zeit hat Auicenna nit mügen ſein. wiewol ettlich ſprechen das man ſendbrieff finde die ſie einannder geſchriben haben. aber es iſt nit wol glawblich auß vorgemelter vrſach der vnderſchiede der zeyt. Er hat als ein hohgelert vnd erfarner man ein vbertreffenlich buch gemacht. vnd dannoch nach erſchawung d ſchriften aller ertzte alle ertzney in fünff bücher gebracht vnd ſunſt vil dings geſchriben.

Hildegardis

HJldegardis ein iunckfraw güts alters hat in teütſchen landen bey dem Rheyn wunderperlicher weyſe gezeichnet. vnnd het auß götlicher kraft die gnad. das ſie (wiewol ſie ein layin vnd vngelert was) offt wunderperlich im ſchlaff entzugt. lernet nicht allain latein reden ſunder auch ſchreyben vnnd tichten. alſo das ſie ettliche bücher criſtenlicher lere machet. Von der ſagt man das ſie künftige ding verkündet hab. Jr hab auch ſannt Bernhart ettliche brieff geſchriben. So hab ſie auch an die von Cölne von künftiger betrübnus der pfafheit geſchriben. wie die pfafheit ere vnd rüm on verdienſt. vnd verdienſtnus on das werck haben wöllen.

GRacianus ein cloſterman wardt in dē iar des herrñ M.c.xlix. zu Bononia von ſeiner großē ſynnreichigkeit vnd ſchriftlicher lere vnnd weyßheit wegen zu großer achtung vñ wird en gehalten. Der hat vnder andern werken ſeiner kunſt das buch gaiſtlicher rechten Decretorūz genant gar maiſterlich geſañelt. das dañ durch babſt Eugenium beſtettigt vnd in den hohen ſchülen zeleſen verlihen iſt. das hat er in ſchöner art zu vnderſchaid vnd merckung der punckten. artickel vnd maynung dariñ begriffen geordnet. vnnd in drey tayl geſündert inmaßen die rechtgelerten deſs güt wiſſen haben. Darüber haben auch nachfolgend ettlich lerer der recht außlegung vnd erklerung geſchriben.

Plinius

PLinius der ander ein Nouocomenſiſcher naturlicher maiſter vnd zierredner. auch ein hohberümbter geſchihtbeſchreiber iſt diſer zeit in wirden gehalten worden. vñ wiewol er die pflegnus ſtettiger vnd offenlicher hendel vnd ſachen taglich vbet. yedoch keret er in lernung freyer kunſt alſo fleiß an das ymant mer dañ er in müßigkeit nit het beſchreibē mügen. Er was ein man eins geſchickten ſinnreichen gemüets. vnglawplicher lernung. hohs fleißes. gar wenig ſchlafs. weñ er zu ſumerzeit in müſſigkeit was ſo lage er an d ſunnen die bücher leßende. merckende vnd außzaichnēde. dañ er laße ye nichtz das er nit außzaichnet. Er ſprach kein büch wer alſo böſe dz nit ettlichermaß nutzet. er maynet alle zeit verlorn ſein die mit lernūg nit verzert würdt. in diſer maynūg hat er vil bücher volbracht Nemlich eins von ritterriſchē geſchoſs. zway vō dē leben Pomponij des andern. zweintzige von den kriegen teütſcher land. dariñ er alle krieg die die römer mit den teütſchē gefürt haben zuſamen geſamelt do er in teütſchen landen ritterſchaft gepflegē hat. Jtē acht büch er von zweifellicher rede vnd mer ander ꝛc. Dieweil er in verweſung der Miſſenenſiſchē heerſchiffung was vnd die vrſach des angezündten prinnenden bergs Veſūnj erforſchen wolt vnd auß widwertigen winden nit widerkeren mocht da wardt er mit vberlaſt des ſtawbs vñ d funckē vertrucket vñ ſtarb. lvi. iar alt.

In einer alten Handschrift wird Hildegard neben den Naturphilosophen Plinius d.J. und Avicenna genannt.

Klöster, das traf sowohl für den Disibodenberg wie auch für den Rupertsberg zu, waren im Mittelalter die zentralen Heilstätten, mit Kräutergärten und Apotheken. Mönche und Nonnen gaben schriftlich und mündlich ihr Heilwissen von einer Klostergeneration zur anderen weiter. Auch Hildegard stand ganz in dieser Tradition. Zudem hatte sie schon früh Zugang zu entsprechender griechischer und arabischer Literatur. Darüber hinaus verfügte sie über eine gute Beobachtungsgabe, hohe Intuition und ein großes Einfühlungsvermögen für die Sorgen und Nöte der Menschen. Dies alles zusammen brachte ihr den Titel einer „ersten deutschen Ärztin“ ein.

Klostergärten einst & jetzt

Klostergärten haben eine ganz besondere Ausstrahlung. Ihre Schönheit ist legendär, und etwas Magisches scheint von ihnen auszugehen. Eine geheimnisvolle Energie überträgt sich auf den Besucher. Man glaubt nicht nur, hier Ruhe und Entspannung zu finden, sondern den Ort himmlischen Friedens, nach dem sich das Herz so lange gesehnt hat.

„Gelobt seist du o Herr, durch unsere Schwester, die Mutter Erde, die uns trägt und ernährt und spendet Früchte in Fülle, bunte Blumen und Kräuter."

Franz von Assisi

Gartenbau im Mittelalter

Nach dem Zusammenbruch des Römischen Reiches gab es in Europa kein geordnetes, zentrales Verwaltungssystem mehr. Die hoch entwickelte römische Infrastruktur mit Straßen und Aquädukten zerfiel. In dieser wirren Zeit stagnierte die Entwicklung von Kultur, Architektur, Gesellschaft und Handel. Von der römischen Kultur war im Europa des frühen Mittelalters nichts mehr geblieben.

Der Brunnen im Garten des Klosters Schlehdorf

Erst unter dem Einfluss des Christentums entstanden wieder organisierte Verwaltungsstrukturen. Die ersten Mönche siedelten sich in den einstigen Anwesen der Römer an. Im Laufe der Zeit entwickelten sich daraus die ersten Klöster, deren Zentrum die „Basilika“ war. In römischer Zeit war die Basilika eine überdachte Halle mit einer breiten, zentralen Fläche, die oft in ein zwei- oder mehrstöckiges Mittelschiff mit Seitengängen unterteilt war. Das Christentum übernahm diese Bauform und ergänzte die Kirchen mit einer Apsis und einem Altar am Ende des langen Mittelschiffes. Vor der Westfront der Basilika entstand im Laufe der Zeit das so genannte „Paradies“, ein begrünter, teilweise gepflasterter Vorhof, der mit Bäumen umstanden war. In der Mitte des Hofes stand ein Brunnen. An das Längsschiff der Basilika wurden für das klösterliche Leben mehrere Räume angebaut, die sich um ein Atrium gruppierten. Speise- und Lesesaal, Zellen der Mönche sowie Wirtschaftsräume bildeten den Klosterkomplex. Den Innenhof umgab ein Kreuzgang, ein Ort der Ruhe und Meditation. Durch ihn konnten alle Räume erreicht werden. Die Innenhoffläche wurde durch Wege viergeteilt, in der Mitte des Wegekreuzes befand sich ein kleines, rundes Beet oder ein größerer Platz mit einigen Sitzgelegenheiten.

Die Klöster lagen meist abgeschieden, in dieser gewollten Isolation bildeten sich autarke Gemeinschaften. Alles, was die Menschen in den Klöstern zum Leben brauchten, wurde selber hergestellt. Um die Selbstversorgung zu gewährleisten, legte man Gemüse- und Kräutergärten sowie Obst- und Weingärten an. In der Landwirtschaft, im Obst- und Gemüseanbau, im Handwerk und in der Vorratshaltung sammelten die Klosterangehörigen viele Erfahrungen und waren oft Meister auf ihrem Gebiet. Auch durch den streng reglementierten Tagesablauf und die Ordensregeln waren die klösterlichen Betriebe sehr effektiv und ertragreich. Weitere Wirtschaftsgebäude wie Ställe, Scheunen, Brauereien und Lagerräume erweiterten den Klosterkomplex.

Benedikt von Nursia

Aus seiner Zeit gibt es keine Lebensbeschreibung, der erste Bericht wurde von Papst Gregor I. 50 Jahre nach seinem Tod verfasst. Benedikt (um 480 bis 547) entstammte einer gebildeten christlichen Familie, die ihn mit 18 Jahren nach Rom zum Studium schickte. Dem ausschweifenden Leben der Römer entfloh Benedikt und zog sich für drei Jahre in eine Höhle im Anio-Tal bei Subiaca zurück. Er wurde jedoch schnell in der Gegend bekannt und von Mönchen als Vorsteher ihrer Gemeinschaft gewählt. Nach einem Giftanschlag zog er sich wieder in die Einsamkeit zurück, wo sich erneut junge Menschen um ihn scharten, die ein Leben in christlicher Vollkommenheit führen wollten.

Benedikt von Nursia, der Gründer des Benediktinerordens

„Dann zog Benedikt mit einigen Gefährten auf einen hohen Berg namens Cassinus. Auf ihm stand ein uraltes Heiligtum, in dem das einfache Volk den Gott Apollo nach alter heidnischer Sitte verehrte... Als der Mann Gottes dahin kam, zerschlug er das Götzenbild, zerstörte den Altar und steckte die Haine in Brand. Den Apollotempel aber verwandelte er in eine Kirche."

Unter der Leitung Benedikts entstand auf dem Monte Cassino das erste Benediktinerkloster mit Kirche, Unterkünften für die Mönche, Werkstätten, Vorratshäusern und Ställen. Die Anlage wurde von einer schützenden Mauer umgeben. Nach dem Vorbild von Monte Cassino und den Regeln des Heiligen Benedikts wurden im Laufe der Jahrhunderte mehrere tausend Klöster gebaut.

Monte Cassino gilt als eines der bedeutendsten geistlichen Zentren des Mittelalters.

„Das Kloster soll womöglich so angelegt sein, dass sich alles Notwendige innerhalb der Mauern befindet, nämlich Wasser, Mühle, Garten und die verschiedenen Werkstätten. So brauchen die Mönche nicht draußen herumlaufen."

Ora et labora

Benedikt war der erste Abt, der seinen Mitbrüdern ein Tagesprogramm verordnete, in dem die Handarbeit einen festen Platz hatte.

„Müßiggang ist der Feind der Seele. Deshalb sollen sich die Brüder zu bestimmten Zeiten mit Handarbeiten, zu bestimmten Zeiten mit heiliger Lesung beschäftigen. Denn dann sind sie wirklich Mönche, wenn sie von der Arbeit ihrer Hände leben."

Zum „Dreiklang benediktinischen Lebens" zählte die Beschäftigung mit der Bibel und den Schriften der Kirchenväter. Diese Regel Benedikts stellte die Grundlage des abendländischen Mönchstums. Durch die Ausgewogenheit von Gebet, geistlicher Lesung und Arbeit wurden die Benediktinerklöster für die bekehrten Germanenstämme vorbildhaft, da sie ihnen zeigten, wie man Waldland urbar und fruchtbar macht und durch gemeinsames Beten und Arbeiten zu einem friedlichen Leben in der Gemeinschaft zusammenfindet.

Erste Klostergärten

Von den Klöstern ging im Mittelalter eine herausragende kulturschaffende Kraft aus. In ihren Skriptorien und Bibliotheken wurde das Wissen vergangener Jahrhunderte gepflegt und aufbewahrt. Dazu zählte auch eine umfangreiche Kenntnis über Land-

und Waldwirtschaft – denn die meisten Klöster waren Selbstversorger und ernährten sich durch das, was das Land hergab. Die Zisterzienser lebten weitab von anderen Siedlungen, rodeten die damals noch reichlich vorhandenen Wälder und machten das Land urbar. Was nicht in ausreichender Menge in der Natur zu finden war, wurde kultiviert, und so entstanden die Klostergärten. Hier wurden Gewürze für die Küche und Zierblumen als Blumenschmuck für die Kirche kultiviert. Aus ihnen deckte man den Bedarf an Arzneien, denn die Klöster waren im Mittelalter Zentren der Krankenpflege. Die Notwendigkeit zur Anlage eines Klostergartens ergibt sich aus der Regel des Heiligen Benedikts:

„Die Sorge für die Kranken muss vor und über allem stehen, man soll ihnen so dienen, als wären sie wirklich Christus."

In der Folgezeit entwickelte sich zwischen den Klöstern, auch über die Alpen hinweg, ein reger Austausch. Mönche tauschten Pflanzen, Samen und Heilmittel aus und gaben ihr botanisches Wissen weiter. So wurden zum Beispiel Fenchel und Liebstöckel, ursprünglich im Mittelmeerraum beheimatet, im 9. Jahrhundert von Mönchen über die Alpen gebracht. Von den Klostergärten fanden sie ihren Weg in die Gärten der Bauern. Auch der Dill wurde in Mitteleuropa erstmals im Früh-

Die Ordensregeln des hl. Benedikts schrieben den Mönchen körperliche Betätigung vor.

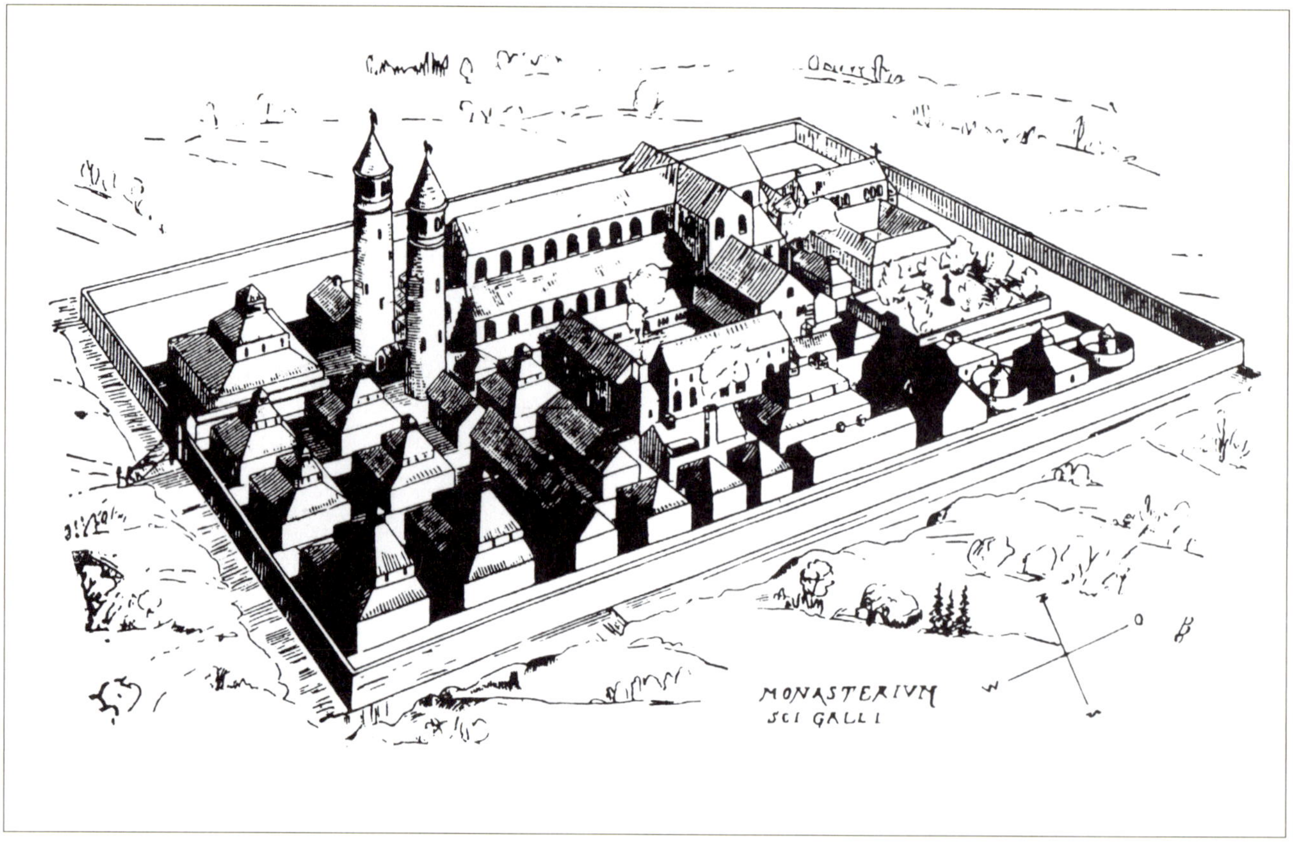

Rekonstruktion des alten St. Gallener Klosters

mittelalter in Klostergärten kultiviert. Im Klostergarten von St. Gallen, dem ältesten Arzneipflanzengarten der Benediktiner, war für ihn ein eigener Platz bestimmt. Wichtige Einblicke in die Bedeutung des mittelalterlichen Gartenbaus und der damals zur Verfügung stehenden Pflanzenarten ergeben sich aus schriftlichen Quellen wie das im frühen Mittelalter entstandene „capitulare de villis" (um 800 n. Chr.), dem Klosterplan von St. Gallen (um 820 n. Chr.) und dem „liber de cultura hortorum" des Reichenauer Abtes Walahfrid Strabo (um 830 n. Chr.). Leider liegen bisher kaum archäologische Befunde über mittelalterliche Gärten vor, welche es ermöglichen würden, die Anlage und Funktion der Gärten zu klären. Daher bieten fast nur zeitgenössische Bild- und Schriftzeugnisse einen Einblick in die mittelalterliche Gartenkultur.

Die Landgüterverordnung Karls des Großen

Neben dem Klosterplan von St. Gallen kommt der Landgüterverordnung „Capitulare de villis vel curtis imperii" Karls des Großen von 812 eine wichtige Bedeutung für die Gartenkultur zu. Sie hat ebenfalls maßgeblich zur Verbreitung bestimmter Pflanzensorten beigetragen. Sie enthält die Regelung des ländlichen Betriebes auf den kaiserlichen Gütern nach bewährten Vorbildern aus römischer Zeit. Dreifelder-Wirtschaft, Weinbau, Obstpflege, die Zucht von Pferden, Rindern, Schafen, Schweinen, Ziegen, Bienen

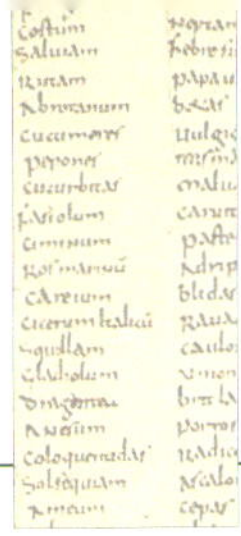

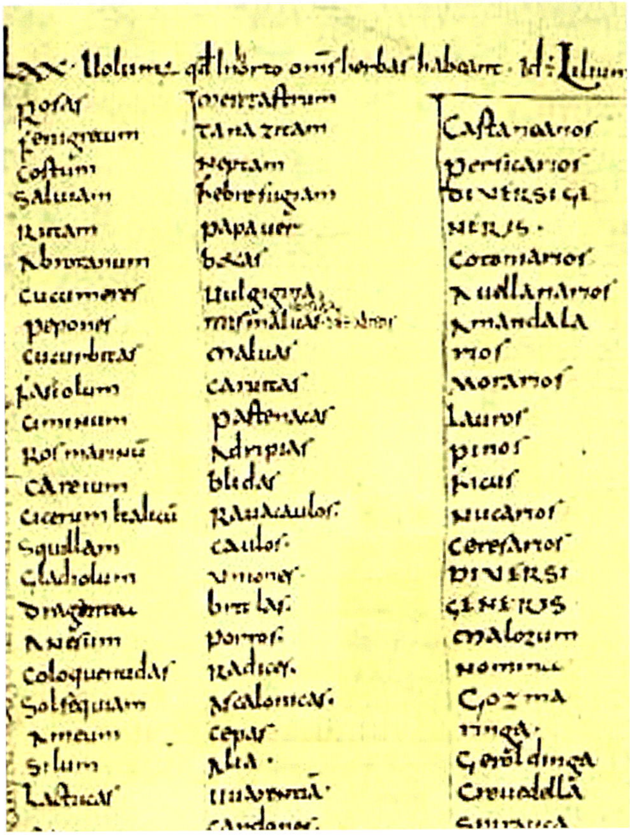

LXX. Volumus quod in horto omnes herbas habeant. id est Lilium

rosas
fenigraecum
costum
salviam
rutam
abrotanum
cucumeres
pepones
cucurbitas
fasiolum
ciminum
ros marinum
careium
cicerum italicum
squillam
gladiolum
dragantea
anesum
coloquentidas
solsequiam
ameum
silum
lactucas

tanazitam
neptam
febrefugiam
papaver
betas
vulgigina
mismalvas
malvas
carvitas
pastenacas
adripias
blidas
ravacaulos
caulos
uniones
britlas
porros
radices
ascalonicas
cepas
alia
warentiam

Castanearios
persicarios
diversi generis
piros
cotoniarios
avellanarios
amandalarios
mos
morarios
lauros
pinos
ficus
nucarios
ceresarios
diversi generis
malorum
nomina
gozmaringa
geroldinga
crevedella

Die Landgüterverordnung wurde von dem Abt Ansegis verfasst.

und Fischen als Bestandteile vorbildlichen Wirtschaftens sind detailliert beschrieben. Der Kaiser selbst war der größte Grundbesitzer und lebte von den Erträgen seiner Güter. Er hatte keinen festen Regierungssitz, sondern regierte von seinen verschiedenen Pfalzen aus, die über das ganze Reich verteilt waren. Sie verschafften dem Kaiser feste Einnahmen. Wenn er dort mit seinem Gefolge wohnte, mussten die Bauern für die Verpflegung des kaiserlichen Trosses Naturalien aus der Umgebung beisteuern.

In Karls Landgüterverordnung werden im letzten Abschnitt alle Pflanzen aufgelistet, welche in den kaiserlichen Gärten kultiviert werden sollten: 73 Nutzpflanzen (Gemüse, Küchenkräuter, Gewürz- und Heilpflanzen) sowie 14 Baumarten. Unter den aufgezählten Gewächsen sind auch einige Heilpflanzen aus dem Mittelmeerraum, die sich vermutlich seit der Römerzeit hier gehalten haben wie Rosmarin, Salbei, Diptam. Einige Pflanzen wie Haselnuss, Wermut oder Beifuß fanden den Weg aus der freien Natur in den Garten. Andere bis dahin unbekannte Nutzpflanzen verdankte Karl der Große dem Kalifen Harun-al-Rashid, mit dem er rege Handelsbeziehungen pflegte. Sie wurden zunächst im Garten seiner Pfalz angebaut, an das hiesige Klima gewöhnt und dann weitergegeben.

Eine wichtige Rolle spielte die „Hauswurz". Man sah in der kerzengeraden Blume einen wirkungsvollen Blitzableiter, der das Haus bei einem Gewitter schützte. Die Landgüterverordnung ordnete an, sie auf dem Hausdach anzupflanzen. Heute findet man sie unter dem Namen „Dachwurz" noch in Gärten, am Zaun oder auf Pfählen angepflanzt wieder.

„In Deutschland war das Gewächs dem Donar geweiht, die rosaroten Blüten erinnern an den Bart des Donnerers, den dieser beim Zucken seiner Blitze schüttelte; es trug daher den Namen Donnerbart oder Donnerwurz."

Blumen im Klostergarten

Der Ausbreitung des Christentums in Mittel- und Nordeuropa ist die zunehmende Bereicherung der Gärten im ländlichen Bereich zu verdanken. Das ganze Mittelalter hindurch waren Benediktiner und Zisterzienser die Hauptträger der Gartenkultur Europas. Die Blumen, die in ihren Gärten blühten, standen dort allerdings nicht um ihrer Schönheit willen, sondern wegen ihres tatsächlichen oder nur angenommenen Wertes als Heilpflanzen. Rosen, Lilien, Iris und Salbei lieferten Blüten, Blätter oder Wurzeln

Die Muttergottes im „Paradiesgärtlein“

für die Herstellung heilender Salben oder Tinkturen. Rosen und Lilien waren beliebte Symbole des Christentums.

„Die heilige Jungfrau in ihrer Anmut und Milde erschien als Rose, die himmlische Reinheit ward in der Lilie angeschaut…«

Mit Rosen und Lilien, später auch mit anderen Blumen wurden die Kirchen an christlichen Festtagen zum Gottesdienst geschmückt. Von den dekorativen Blattgewächsen pflanzte man nur den Buchs an, der seit alters her als Zierstrauch verwendet wurde, vor allem zur Einfassung von Gartenbeeten.

Der Klosterplan von St. Gallen

Dass die Mönche den Auftrag zur Pflege der Kranken sehr ernst nahmen, lässt sich am Klosterplan von St. Gallen verdeutlichen. Dieser Plan eines idealen Klosters wurde 825 vom Benediktinermönch Eginhard entworfen und auf fünf große Pergamentstücke gezeichnet (heute liegt er in der Stiftsbibliothek von St. Gallen). Er zeigt eine umfangreiche Gebäudeansammlung, in der ganz rechts oben ein Garten für Heilpflanzen, ein Arzthaus und ein Spital vorgesehen sind. Auch die Pflanzen, die in den Beeten des Gartens kultiviert werden sollten, sind eingetragen. Sie sind weitgehend die gleichen, die kurze Zeit später Walahfrid Strabo in seinem Gartengedicht „Hortulus“ beschreibt.

Der Garten des Klosters sollte in 3 Abschnitten angelegt werden:

a) der *Arzneigarten* oder „Herbularius“
b) der rechteckige *Gemüsegarten* „Hortus“; in ihm fehlen jene Gemüse, die zur allgemeinen Ernährung dienten wie verschiedene Rübenarten, Bohnen, Erbsen, Linsen, Hirse usw.
c) der *Baum- und Obstgarten*; er war gleichzeitig Friedhof des Klosters. Man sah in den Obstbäumen mit ihrem jährlichen Lebensrhythmus ein Sinnbild der Auferstehung und eines neuen Lebens nach dem Tode. Der Baumgarten war der eigentliche Wohngarten, der reichlich Platz für die Besucher bot und zugleich ein Abbild des Gartens Eden darstellte.

Der „Hortulus“ des Walahfrid von Strabo

Walahfrid, der vielleicht größte Dichter seiner Zeit, wurde um 808 geboren und war Abt des Klosters Reichenau. In 444 Hexametern beschreibt er den Gartenbau sowie 24 Pflanzenarten, wobei ihre Lieblichkeit, ihr Duft oder ihre Heilwirkung stets hervorgehoben werden. Der „Hortulus“ oder „liber de cultura hortorum“ (Von der Pflege der Gärten) ist kein Kräuterbuch, sondern ein literarisches Kunstwerk, welches das Wissen um die Heilkraft der Pflanzen dokumentiert und somit auch den Kräutergarten des St. Gallener Klosterplans bestätigt.

1 Paradies
2 Taufkessel
3 Ambo
4 Chor
5 Scriptorium
6 Sakristei
7 Kapitelsaal
8 Besucherraum
9 Armenpfleger
10 Schlafsaal
12 Refectorium
13 Küche
14 Badehaus
15 Brauerei
16 Bäckerei
17 Wirtschaftshaus
18 Haus für Aderlässe
19 Arzthaus, Apotheke
20 Heilkräutergarten
21 Gärtner
22 Geflügelzüchter
23 Speicher
24 Mühlen
25 Stampfmörser
26 Malzdarre
27 Pferdeknechte
28 Rinderhirten
29 Gesinde
30 Schafe
31 Schweine
32 Ziegen
33 Pferde
34 Kühe
35 Aborte

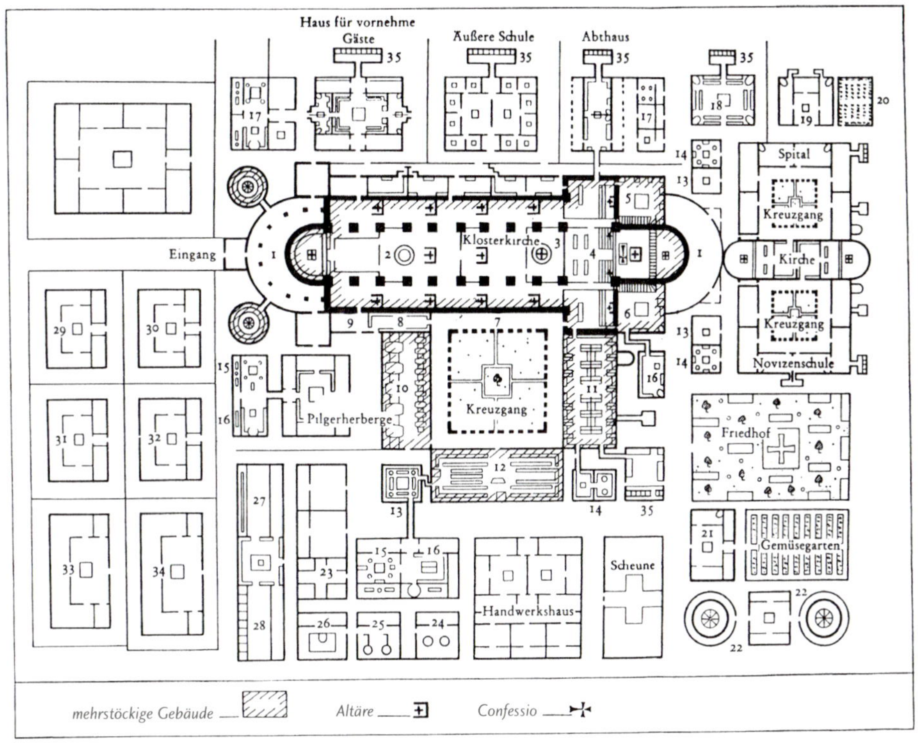

Der Klosterplan von St. Gallen

„Beständiger Fleiß des Gärtners und Frucht seiner Arbeit. Schließlich besprengt bisweilen ein Frühlingsregen die junge Saat, und wechselnd erquickt der schmeichelnde Mondschein der Blätter zartes Gefieder. Andererseits, wenn trockene Zeiten weigerten etwa den Segen des Taus, dann trieben mich eifrig Liebe zum Garten und Sorge, dass nicht die fasrigen, kleinen Wurzeln erschlafften vor Durst, in geräumigen Krügen zu schleppen Ströme erfrischenden Wassers und tropfenweise zu gießen. Aus den eigenen Händen, damit nicht in heftigem Schwalle allzu reichliche Fluten verschwemmten die keimenden Saaten. Alsbald kleidet sich nun mit den zartesten Keimen das ganze Gärtchen…"

Allerdings ist dieser erste deutsche Garten immer noch ein „Würzgärtchen", ein Arzneigarten, in dem Blumen nebensächlich sind. Erst später brachten die Benediktinermönche auch die verschiedensten Blumen aus ihren italienschen Klöstern mit. Diese pflanzten sie in ihren Klostergärten an, aus denen dann die Blumen im Laufe der Zeit auch in die ländlichen Gärten wanderten.

„Der deutsche Mensch hat die Blumen eher mit der Nase als mit dem Auge bewertet. Der starke Geruch, dem man eine belebende, eine stärkende, ja heilende Wirkung zuschrieb, wird zuerst an Rose und Lilie mit Entzücken hervorgehoben, während die geruchlosen Blumen verachtet wurden."

Kräutergarten im Klostergarten von Marienmünster auf der Insel Reichenau

Der sinnliche Garten des Albertus Magnus

Albertus Magnus (um 1200 bis 1280) wurde 1931 heilig gesprochen und zum Kirchenlehrer erhoben. Er stammte aus einem angesehenen Adelsgeschlecht und hat die Werke von Aristoteles dem christlichen Abendland zugänglich gemacht, dabei aber auch seine eigenen Beobachtungen einfließen lassen. Sein Werk „Naturalia" über Pflanzen und deren Züchtung, das weit über die Erkenntnisse der damaligen Zeit hinausging, lässt sich als den ersten Versuch einer Pflanzenphysiologie bezeichnen. Es beschrieb erstmals einen „Lustgarten", der vor allem der Erholung diente: mit einer Rasenfläche, um die Augen zu erfrischen, einer Bank zum Ausruhen, einer Quelle sowie einem Kräuter- und Duftgarten zur Belebung der Sinne.
Er wurde durch Bäume vor der Sonne und kalten Winden geschützt. Bisher hatten für den Garten eigentlich nur Pflanzen Beachtung gefunden, die über einen gewissen Nährwert oder Heilkräfte verfügten oder sonst irgendeinen Nutzen brachten. Nun aber hatten sie

auch wegen ihrer Schönheit hier ihre Daseinsberechtigung. Eine große Vielfalt von bisher unbekannten Gewächsen aus römischen Gärten begeisterte zunächst Naturforscher und Botaniker, dann das gehobene Bürgertum, schließlich hielt sie auch in die einfachen Gärten Einzug.

Um 1250 berichtete Albertus Magnus, dass es in Deutschland *Rosa alba, Rosa rubiginosa, Rosa arvensis* und Varietäten von *Rosa canina* gab. Er vertrat dabei die Ansicht, dass vor dem Tode Christi alle Rosen weiß waren und erst das von Christus zur Erlösung der Menschheit vergossene Blut rote Rosen hervorgebracht habe.

Die Einteilung des Klostergartens

Der frühe Klostergarten war nicht nur in der Grundform quadratisch angelegt, auch die einzelnen Gartenflächen und Beete waren in Quadrate und Rechtecke unterteilt. Heute sieht man häufiger geschwungene Formen.

Im *Blumengarten* wuchs der Blumenschmuck für die Kirche. Bei der Gestaltung der Altarraums kam dabei jeder Farbe eine bestimmte Bedeutung zu: Rot symbolisierte die Liebe, Weiß die Einheit Gottes. Blau stand für Jesus, Grün für die ewige Erneuerung und Hoffnung. Im frühen Mittelalter waren Blumen in unseren Breiten eine Rarität. Die meisten von ihnen brachten erst die Kreuzfahrer mit. Die schönsten wurden in der christlichen Symbolik der Gottesmutter zugeordnet, allen voran die Rose – als Mensch ohne Sünde galt Maria selbst als „Rose ohne Dornen".

Die Grundausstattung für den *Kräutergarten* basierte auf der Landgüterverordnung von Karl dem Großen, die ihrerseits auf die Klostergärten der Benediktiner zurückgeht. Zu der bis heute noch gültigen Kräutersammlung zählen unter anderem Petersilie, Sellerie, Malve, Dill, Knoblauch, Minze, Liebstöckel, Fenchel, Diptam, Rosmarin.

Da Klöster in der Regel Selbstversorger waren, stellte ein gut sortierter *Gemüsegarten* den Schwerpunkt des klösterlichen Gartenbaus dar. Hier orientierte man sich vor allem an der Gartenbeschreibung von Walahfrid

Albert Magnus beschrieb erstmals einen Lustgarten.

Der Klostergarten des Klosters Schlehdorf

Strabo. Der Gemüsegarten war in 18 gleichmäßige Felder aufgeteilt, in denen zum Beispiel Kichererbsen, Dicke Bohnen, Salat, Porree, Kohl oder Möhren angebaut wurden.

Die Bedeutung der Klöster

Zu dieser Zeit galten Mönche und Nonnen in den Klöstern als die einzigen gebildeten Menschen. Lesen und Schreiben waren für das Studium und den Betrieb der Bibliotheken und Skriptorien sowie für die täglichen Liturgien unablässig. Auch Rechnen wurde gelehrt, da es für die Verwaltung der Klöster von Bedeutung war. Wegen der guten Ausbildung schickten besonders Adelige ihre Söhne und Töchter ins Kloster. Die Kloster-Gemeinschaften wuchsen somit stetig an, durch Schenkungen oder Vererbung erwarben sie große Ländereien. Deren Bewirtschaftung wurde hauptsächlich durch Pachthöfe betrieben oder von einem Gutsverwalter beaufsichtigt. Deshalb verlagerten sich im Laufe der Zeit die Aufgabenbereiche und Prioritäten mancher Orden, und die abgeschiedenen Klöster öffneten sich nach außen. Armen- und Krankenpflege sowie Speisungen, Beherbergung von Reisenden und Schulbildung waren die neuen Aufgaben der Klöster.

Es entstanden neue Gebäude wie Spitäler, Klosterschulen und Herbergen. Für die medizinische Versorgung wurden die so genannten „Apothekergärten" angelegt. Diese Arzneigärten waren in 16 regelmäßige, erhöhte Beeten gegliedert. In diesen Beeten wurden unter anderem Rosen, Rosmarin, Salbei oder Schwertlilien für die Herstellung der Arzneien kultiviert. Auch die Spitäler und Klosterschulen hatten begrünte Innenhöfe mit Bäumen und Blumenbeeten. Für die

Gottesdienste in der Kirche wurden Blumengärten, so genannte „Sakristei-Blumengärten" angelegt. Nur der Abt oder die Äbtissin verfügten über einen privaten Garten.

Vom Klostergarten zum Bauerngarten

Das Bauerntum des Mittelalters bestand überwiegend aus dem Lehnswesen. Klöster und Adelige gaben einen Teil ihrer Ländereien als Pachtland an Bauern ab, die dem Gutsherrn verpflichtet waren. Sie mussten auf dessen Höfen arbeiten und die Pacht in Form von Naturalien abgeben. Dafür waren die Bauern vom Kriegsdienst befreit und standen unter dem Schutz des jeweiligen Grundbesitzers. Die Gartenkunst der Klöster hatte auch auf die Gärten der Bauern großen Einfluss. Schon früh wurde das Gemüse für den Eigenbedarf nahe am Haus angebaut. Zum Schutz vor kaltem Wind und wilden Tieren wurde der Garten meist mit einem Weidezaun eingefriedet. Zwischen den Mönchen und den Bauern gab es einen regen Erfahrungsaustausch. So weist der traditionelle Bauerngarten auch heute noch meist ein Wegekreuz auf. Die Bepflanzung war den Bäuerinnen überlassen, denn die Bewirtschaftung des Gartens war Frauensache. Neben dem notwendigen Gemüse und den Kräutern wurden auch Blumen wie Malven, Amarant oder Mohn angepflanzt. Auch hier fand ein reger Austausch von Saat- und Pflanzmaterial untereinander und mit den Klöstern statt.

Gärtnern wie die Mönche

Die bis heute gepflegte Tradition des klösterlichen Gartenbaus basiert seit jeher auf der Kenntnis der Eigenschaften und Standortansprüche der Pflanzen. Aufgrund genauer Beobachtung und Überlieferung wussten die Mönche, welche Pflanzen sich gegenseitig förderten und welche nicht zueinander passten und sich in ihrem Wachstum behinderten. Der jahreszeitliche Sonnenstand sowie die Beschattung durch Mauern und Bäume entschied über die Anlage der verschiedenen Gartenteile und an welche Stellen die Gewächse gepflanzt wurden. Der Kräutergarten mit seinen überwiegend aus dem Mittelmeerraum stammenden Pflanzen musste volle Sonne haben und dementsprechend nach Süden ausgerichtet sein. Gemüse gedieh ebenfalls nicht im Schatten. Der Blumengarten mit Rosen, Veilchen und Lilien hingegen konnte durchaus Schatten vertragen.

Nonne bei der Arbeit im Klostergarten des Benediktinerklosters St. Johann in Müstair im Unterengadin

Aufmerksame und überlieferte Beobachtungen sowie die Fruchtfolge mit Ruhejahren, Gründüngung und vieles mehr ließen die Pflanzen im Klostergarten üppig gedeihen. Deshalb lässt sich der traditionelle klösterliche Gartenbau durchaus als Vorläufer des heutigen biologischen Garten- und Landbaues betrachten.

Ein eigener Heilpflanzengarten

Ein eigener

Heilpflanzen-garten

Es gibt keinen Garten, in dem sich nicht ein passendes Fleckchen für Kräuter finden lässt. Bei einem kleinen Garten genügt schon die Anlage eines Beets mit heilenden und würzenden Kräutern. Auf diese Weise hat man immer eine kleine Gartenapotheke zur Hand und kann außerdem mit aromatischen, frischen Kräutern die Speisen würzen.

„Die Luft ist der Hauch, der im Tausaft den Keimen die Feuchtigkeit eingießt, sodass alles grün wird und sodass sie durch den Hauch die Blumen hervorbringt."

Ein eigener Heilpflanzengarten

„In der Morgenfrühe, wenn die Sonne bei ihrem Aufgang sich machtvoll erhebt, um ihren Lauf anzutreten, steht auch das Grün in seiner größten Kraft weil die Luft bis dahin noch feucht ist, die Sonne aber schon wärmt. Dann trinken die Gräser dieses Grün wie ein Lamm seine Milch saugt. Dieses Grün entstammt den Elementen. Es lebt in der Flamme, schillert in den Gewässern, feuchtet im Stein und weht in der Luft. Es ist die Kraft des Lebens."

Kräuter in der Morgensonne

Vielleicht hat der eigene „Hildegard-Garten" vor dem geistigen Auge bereits Gestalt angenommen, und es ist nur noch eine Frage der Zeit und der Arbeit, ihn in die Praxis umzusetzen. Wem es jedoch noch an Gestaltungsideen mangelt, der sollte bereits bestehende Hildegard-Gärten besuchen und dabei eine klarere Vorstellung des künftigen Kräutergartens gewinnen. Vielleicht stößt man dabei ja auch auf ein Gestaltungsbeispiel, das einem gefällt und sich auch gut in das eigene Gartengrundstück einplanen lässt.

Heil- und Bibelkräutergarten des Klosters St. Lioba

Auf dem Gelände des Klosters St. Lioba in Freiburg-Günterstal gibt es seit Herbst 2005 einen ca. 700 m² großen Heil- und Bibelkräutergarten mit über 300 Pflanzen. Die Anlage umfasst in ihrer Gesamtheit einen Heilkräutergarten, Beete mit Pflanzen aus Mystik und Magie, Küchen- und Duftkräutern sowie einen kleinen „biblischen Garten" mit Pflanzen, die in der Bibel eine besondere Rolle spielen. Die Pflanzungen sind als Hochbeete angelegt, um allen Besuchern des Gartens den Kontakt zu den Pflanzen zu erleichtern.

Der Heilkräutergarten bildet bewusst ein regelmäßiges Viereck, denn vier ist die Zahl der Welt. Der Bibelkräutergarten ist rund geformt, um auf die Vollendung der geschaffenen Welt durch Gottes Wirken hinzuweisen. Im Heilkräutergarten sind um einen Apfelbaum, dem Inbegriff gesunder Ernährung, sternförmig 18 Hochbeete mit vielen bekannten Heilpflanzen, aber auch manch selten benutztem Kraut angeordnet. Auf Heilpflanzen mit umstrittenem medizinischem Nutzen wurde bewusst verzichtet. Im Bibelkräutergarten wurden – sozusagen als Vollendung des Heilkräutergartens – einige Kräuter, die auch in der Bibel vorkommen, angepflanzt.

Hildegard-Heilpflanzengarten in Hohenheim

Mit einer 2006 eröffneten Ausstellung widmet sich das Museum zur Geschichte Hohenheims den historischen, naturwissenschaftlichen und theologischen Dimensionen der Mystikerin Hildegard von Bingen. Wenige Schritte entfernt in den wissenschaftlichen Gärten der Universität lassen Forscher die Theorie in der Praxis erblühen. Hier finden Besucher den Heilpflanzengarten der Hildegard von Bingen, in dem 101 von ihr vor 900 Jahren eingesetzte Heilpflanzen nach ihren Inhaltsstoffen geordnet angepflanzt sind, darunter auch Wegrand-Kräuter wie Spitzwegerich, Schafgarbe oder sogar Brennnessel. Der wissenschaftliche Heilpflanzengarten soll den Besuchern das Werk Hildegards von Bingen näher bringen: ihre medizinischen Schriften und die Benutzung von Heilkräutern.

Meditationsgarten im Kloster Benediktbeuern

Der Grundriss des Labyrinths im Klostergarten von Benediktbeuern orientiert sich an dem berühmten Bodenlabyrinth in der Kathedrale von Chartres, das seit dem 12. Jahrhundert den Eintretenden empfängt. Der Meditationsgarten stellt historische, heilkundliche und kulinarische Aspekte der Pflanzen in den Mittelpunkt. Entsprechend dem streng klassischen Vorbild stößt man hier nicht auf Kreuzungen oder Sackgassen, wie das in einem Irrgarten der Fall wäre. Stattdessen wird der Besucher auf einem 160 m langen Natursteinweg an vier Beetkreisen entlangeführt, die themengebunden bepflanzt sind. Jedem dieser thematischen Beetkreise sind eine Leitpflanze mit einem Leitsatz sowie fünf charakteristische Begleitpflanzen zugeordnet.

Meditationsgarten im Kloster Benediktbeuern

Der erste Beetkreis ist den „Kräutern für alle fünf Sinne" gewidmet. Als Leitpflanze wurde der Salbei gewählt, da er die Sinne besonders anspricht.

Der zweite Beetkreis ist den „Kräutern für die Küche" zugeordnet. Als Leitpflanze wurde eines der ältesten Küchenkräuter gewählt: die Petersilie.

Der dritte Beetkreis ist den Apothekerkräutern von Benediktbeuern vorbehalten. Hier sind vor allem Pflanzen angebaut, die in den mittelalterlichen Rezepturen eines anonymen Benediktinermönchs von Benediktbeuern überliefert sind. Zur Leitpflanze wurde das Johanniskraut erkoren.

Der vierte und innerste Beetkreis stellt einige „Symbol-Kräuter" vor. Ihre Verwendung als Symbolpflanzen reicht meist weit über das christlich geprägte Abendland hinaus.

Eine besondere Stellung nimmt in den drei monotheistischen Religionen die Rose ein. Symbolträchtiger Genuss wohnt ferner der Erdbeere (Sinnbild edler Demut und Bescheidenheit) inne, die Mariendistel mit ihren weiß-grün gemusterten, stacheligen Blättern lässt stechende Schmerzen erahnen. Die als Symbol der Reinheit geltende Madonnenlilie zierte bereits weit vor dem Mittelalter abendländische Bildwerke wie auch Mosaike des Orients.

„Hildegarten“ von Bingen

Die „Landesgartenschau Bingen 2008 GmbH“ zeigte erstmals mit dem „Hildegarten“ als didaktischem Themengarten die wissenschaftliche Wahrheit der Benediktinerin und grenzt sich von den sonst üblichen Klostergärten ab. Die Planung des Themengartens war mit aufwändiger Quellenrecherche verbunden. Die große Herausforderung für das Planungsteam war, Hildegards bekanntestes Werk, die „Physica“, abzubilden, verbunden mit dem Ehrgeiz, den Hildegarten für alle Besucher zum Erlebnis zu machen. Durch die 800 m^2 große Anlage führen schmale Wege, vorbei an Themen- und Einzelbeeten. Ein Klostergarten ist dort ebenso zu finden wie ein Giftpflanzenbeet oder mittelalterliche Heilpflanzen der Hildegard, deren Wirkungen bis heute bestätigt werden.

Aber auch die Widersprüche zur herrschenden Medizin zeigt der „Hildegarten“ mit seiner Auswahl der Pflanzen und deren Gestaltung. Die Einzelbeete machen deutlich, welche Pflanzen Hildegard von Bingen besonders wichtig waren. So schmücken u.a. Pfingstrosen, Wasserpflanzen, Osterluzei und Heilziest die Beete. Ebenso zieren mit Maulbeerbaum, Speierling und Quitte drei außergewöhnliche Bäume den Garten. Als Blickfang sprudelt ein Quellbrunnen.

Die Anlage eines Kräutergartens muss gut vorbereitet sein.

Anlage des Heilpflanzengartens

Zu Beginn stehen einige praktische Überlegungen. Orientierungshilfe bei der Wahl des Stils ist das Haus. Wer zum Beispiel ein altes Haus bewohnt, kann seinen Kräutergarten passend zum Baustil anlegen oder verschiedene Stile miteinander kombinieren. Ob die Pflanzen im Kräutergarten gut wachsen, hängt ganz entscheidend von seiner Lage ab. Die meisten Kräuter, die heute in unseren Gärten gedeihen, waren ursprünglich im Mittelmeerraum beheimatet, wo heute noch Thymian, Lavendel und Rosmarin wild an heißen, sonnigen Plätzen wachsen. Nur unter intensiver Sonnenbestrahlung entwickeln sie den höchsten Gehalt an wertvollen Inhaltsstoffen und ätherischen Ölen. Deshalb muss für den Kräutergarten ein möglichst sonniger Platz (mit mindestens täglich 5 Stunden direkter Bestrahlung) gesucht werden.

Einige einheimische Kräuter wie zum Beispiel Poleiminze, Krauseminze, Petersilie, Liebstöckel und Beinwell fühlen sich aber auch im lichten Schatten wohl, da sie seit jeher ein kühleres und feuchteres Klima gewöhnt sind.

In der Regel holt man sich Kräuter als fertige Pflanzen oder zieht sie als Samen selbst heran. Kräftige Jungpflanzen und Saatgut sind in jedem Gartenfachhandel in reicher Auswahl erhältlich.

Boden, Bewässerung, Düngung

Kräuter fühlen sich im Allgemeinen in humushaltiger und gut durchlässiger Gartenerde wohler als in nährstoffreicher. Enthält der Garten „fette" Erde, sollte der Boden mit Sand gelockert werden. Entsteht durch schweren, tonigen Lehm Staunässe, so verlegt man den Kräutergarten besser auf Hochbeete mit einer guten Drainage.

Die meisten Kräuter brauchen viel Sonne.

Junge Pflanzen und Aussaaten müssen regelmäßig feucht gehalten werden. Haben die Kräuter ausreichend Wurzeln entwickelt und sind fest im Boden verankert, brauchen sie lediglich an sehr heißen Sommertagen und in Hitzeperioden ein wenig zusätzliche Feuchtigkeit. Nur die einheimischen Kräuter bevorzugen einen tiefgründigen, feuchten Boden.

Hinsichtlich der Nährstoffversorgung sind Kräuter sehr anspruchslos. Es reicht völlig aus, wenn im Frühjahr Kompost zwischen und unter den Kräutern ausgestreut und flach in die oberste Erdschicht eingearbeitet wird. Alternativ dazu kann man sich mit Hornspänen, Blut- und Knochenmehl oder einem anderen organischem Dünger aus dem Gartenfachhandel behelfen.

In durchlässiger Erde fühlen sich Kräuter wohl.

Ein eigener Heilpflanzengarten

Pflanzenauswahl und Gestaltungsmöglichkeiten

Die Auswahl der Pflanzen wird in erster Linie durch den persönlichen Geschmack bestimmt. Dabei sollte nicht vergessen werden, dass bei einer gelungenen Bepflanzung immer ein ausgewogenes Verhältnis zwischen Form und Farbe herrschen sollte. Vor allem Farbe ist eines der Gestaltungsmittel, das die Atmosphäre des Kräutergartens maßgeblich beeinflusst und somit oft ausschlaggebend bei der Wahl und Gruppierung der Pflanzen ist. Bei der Gestaltung eines eigenen „Hildegard-Gartens" kann sich die Pflanzenauswahl an den für dieses Buch ausgewählten und vorgestellten Heilpflanzen orientieren.

Kräuter eröffnen vielfältige Möglichkeiten der Gartengestaltung. Mit Quendel und Poleiminze lässt sich ein einheitlich bepflanzter Kräuterrasen anlegen. An Beet- und Rabattenrändern kommen niedrig wachsende Kräuter als Einfassung, höher wachsende Arten wie Liebstöckel und Beifuß als Hintergrund infrage. Mit verholzenden Kräutern wie Lavendel, Ysop und Weinraute lassen sich halbhohe, duftende Hecken anlegen.

Rosenbogen im Kräutergarten

Kräutergärten lassen sich vielfältig gestalten.

Der historische Kräutergarten

Bei der Gestaltung eines eigenen „Hildegard-Gartens" kann man sich auch die mittelalterlichen Klostergärten zum Vorbild nehmen. Sie eignen sich vor allem für rechteckige Grundstücke. Ein Längs- und ein Querweg bilden die charakteristische Kreuzform, in deren Mitte ein Brunnen oder ein kleiner Baum den Blickfang bildet. Seitlich, zum Beispiel entlang einer Mauer, sind bunt bepflanzte Beete angelegt.

In diesem idyllisch angelegten Kräutergarten bildet ein Quellbrunnen das Zentrum.

Natürlich sollen alle „Hildegard-Kräuter" in diesem mittelalterlichen Garten vertreten sein wie Fenchel, Knoblauch, Kresse, Lavendel, Minze, Petersilie, Rosmarin, Salbei, Thymian und Ysop. Die Wege werden mit niedrig wachsendem, in Form geschnittenem Buchs eingefasst. Bei der Pflege des Gartens sollte darauf geachtet werden, dass immer die typische Kreuzform erhalten bleibt.

Der gepflasterte Kräutergarten

Er hat eine ansprechende klare Linienführung und geht auf die frühe islamische Kultur zurück, in der es üblich war, kleine Innenhofgärten mit Ziegeln und Steinplatten einzufassen. Die glatten Flächen heizen sich unter der Sonneneinstrahlung auf, geben noch stundenlang die Wärme ab und sind somit die ideale Umgebung für winterharte, mehrjährige Kräuter. Ein gepflasterter Garten ist eine stilvolle und gepflegte Anlage, die wenig Arbeit macht und dennoch geordnete Ruhe ausstrahlt. Die Kräuterbeete lassen sich ebenerdig oder leicht erhöht anlegen.

Ein gepflasterter Kräutergarten zeichnet sich durch eine klare Linienführung aus.

Der auf Seite 44 vorgestellte gepflasterte Kräutergarten hat eine Gesamtfläche von 6 x 4 m, die jedoch ohne Beeinträchtigung um die Hälfte reduziert werden kann. Die Gesamtanlage ist in eine Rasenfläche eingelassen, die etwas höher liegt, als die Pflaster, sodass der Rasen bequem gemäht werden kann. Auch das lästige Kantenschneiden entfällt. Die strenge Linienführung der Wege wird durch die dichte Bepflanzung aufgelockert. Die Pflasterung verlegt man in eher trockenem Mörtel. Die Kräuter bieten mit ihren unterschiedlichen Blattformen und reizvollen Blütenfarben ein lebendiges Bild, in das sich die gepflasterten Wege aus roten Ziegelsteinen und Steinplatten sowie das Rondell in der Mitte harmonisch einfügen.

Die glatten Steinflächen heizen sich in der Sonne auf und geben Wärme an die Umgebung ab.

1
2
3
4
5
6
7
8
9
10
11
12
13
14
15
16
17
5
7
18
19
20
22
21

Pflanzvorschlag 1

1 Essigrose (Rosa gallica)
2 Lavendel (Lavandula angustifolia)
5 Akelei (Aquilegia vulgaris)
6 Eisenkraut (Verbenia officinalis)
13 Essigrose (Rosa gallica)
12 Buchs (Buxus sempervirens)
3 Betonienkraut (Stachys officinalis)
4 Diptam (Dictamus albus)
8 Beifuß (Artemisia vulgaris)
9 Liebstöckel (Levisticum officinale)
10 Mutterkraut (Tanacetum parthenium)
1 Ysop (Hyssopus officinalis)
14 Madonnenlilie (Lilium candidum)
15 Gundelrebe (Glechoma hederacaea)
5 Akelei (Aquilegia vulgaris)
19 Andorn (Marrubium vulgare)
20 Pfingstrose (Paeonia officinalis)
22 Ringelblume (Calendula officinalis)
21 Salbei (Salvia officinalis)
18 Pfingstrose (Paeonia officinalis)
16 Schafgarbe (Achillea millefolium)
17 Malve (Malva sylvestris)
7 (oben) Wacholder (Juniperus communis)
7 (unten) Lorbeer (Laurus nobilis)

Pflanzplan 2

Pflanzplan 3

Pflanzvorschlag *Pflanzplan 2*

1 Salbei, Borretsch, Lavendel, Mutterkraut

2 Estragon, Petersilie, Dill

3 Bergbohnenkraut, Origano, Majoran

4 Thymian, Pimpinelle, Basilikum

5 Zitronenmelisse, Schnittlauch, Kerbel

als Zwischenpflanzung Ringelblumen

Pflanzvorschlag *Pflanzplan 3*

1 Pfingstrosen, Lavendel, Malve, Lavendel

2 Würzkräuter:
Bohnenkraut, Petersilie, Schnittlauch, Thymian, Rosmarin, Dill, Krauseminze, Beifuß, Bertram

oder Duftkräuter:
Alant, Wermut, Ysop, Madonnenlilie, Weinraute, Thymian-Arten, Salbei, Königskerze, Majoran, Origano, Essigrose

3 Rosen

Ein eigener Heilpflanzengarten

In diesem Kräutergarten sind die einzelnen Beete mit in Form geschnittenem Buchs eingefasst.

Der formale Kräutergarten

Sein besonderer Reiz liegt für viele Menschen in seiner friedvollen und harmonischen Atmosphäre. Selbst auf ein Mini-Format reduziert, vermittelt er auch in klassischer Symmetrie noch das Gefühl von Intimität und wird zu einer Oase der Ruhe. Die Bepflanzung beschränkt sich generell auf einige wenige Kräuterarten. Dies erweist sich je nach Art der genutzten Gartenfläche durchaus als sinnvoll. Denn für den formalen Kräutergarten gilt die Regel: Weniger ist mehr! Dies ist allerdings keine leichte Aufgabe und bedarf genauer Planung. Zuerst muss der Gesamteindruck des künftigen Kräutergartens festgelegt werden. Sollen natürliche Formen und sattes Grün überwiegen oder bevorzugt man eine eher „künstliche" Anordnung, bei der die festen Elemente (Wege, Mauern, Stufen) bewusst hervorgehoben werden. Vielleicht möchte man auch die Pflanzen selbst als formales Gestaltungsmittel (zum Beispiel in Form geschnittene Buchsbäumchen) einsetzen. Nur wenn alle Elemente, sowohl einzeln als auch zusammen, optimal zur Wirkung kommen, lässt sich das Ergebnis als gelungen bezeichnen.

Grundformen, nach denen sich ein Heilkräutergarten anlegen lässt

Die Kräuterspirale

Die Kräuterspirale ist ein dreidimensionales Beet. Sie ermöglicht auf kleinstem Raum den Standortansprüchen von Pflanzen aus verschiedenen Klimazonen gerecht zu werden. Die Oberfläche der Kräuterspirale wird durch einen sich spiralig nach oben windenden Turm vergrößert. Die Seitenwände dieses Turms werden durch Steine befestigt, die die Sonnenwärme speichern und an die Pflanzen abgeben. Den Fuß der Kräuterspirale bildet oft ein Miniteich, der zusätzlich Wärme speichert und reflektiert. Das sich nach oben windende Beet füllt man mit Gartenerde oder magerem Mischboden auf.

Kräuterspirale

Es entstehen folgende Bereiche von unten nach oben:

Wasserzone: halbschattig, feucht und nass durch den Miniteich, bei dem es darauf ankommt, eine Verbindung zur Umgebung zu ermöglichen; hier gedeihen Brunnenkresse, Bachbunge und Wasserminze.

Feuchtzone: sonnig, feucht, humusreich, der Boden wird mit Komposterde angereichert; hier wachsen Petersilie, Poleiminze, Krauseminze.

Normalzone: halbschattig, humos, trocken; ideal für Zitronenmelisse, Pimpinelle

Mittelmeerzone: sonnig, durchlässig, mager und trocken, eine gute Drainage wird durch Bauschutt als Füllmaterial unterstützt; es wird Kalk untergemischt, denn hier wachsen die kalkliebenden Mittelmeerkräuter wie Bergbohnenkraut, Thymian und Salbei.

Ein eigener Heilpflanzengarten

Eine Kräuterspirale ist eine hübsche Möglichkeit, Heilkräuter im Garten einzugliedern.

Eine Kräuterspirale kann im Frühjahr oder im Herbst angelegt werden und soll frei zur Sonne stehen. Bei der Wahl des Standorts ist zu beachten, dass der Weg zur Küche nicht zu weit ist. So können die frisch geernteten Kräuter sofort verarbeitet werden. Eine harmonisch gestaltete Kräuterspirale braucht eine kreisrunde Grundfläche mit etwa 3 m Durchmesser und 1 m Höhe. Die Mauern werden beginnend vom Teich von außen nach innen aufsteigend gebaut. Werden sie mit runden Natursteinen errichtet, müssen die Zwischenräume mit Erde ausgefüllt werden. Der Raum zwischen den Mauern sollte etwa 60 cm breit sein. Der Teich kann mit Teichfolie ausgelegt werden, dann lässt er sich frei gestalten.

Bei der Bepflanzung sind der Fantasie keine Grenzen gesetzt. Auf einer großzügig angelegten Kräuterspirale finden Heil-, Gewürz- und Wildkräuter Platz. Bei der Pflanzenauswahl für eine kleinere Kräuterspirale empfiehlt es sich, auf kleinwüchsige Sorten auszuweichen.

Das mobile Kräutergärtchen

Wer keinen Garten hat, der muss nicht auf frische Kräuter verzichten, denn ein kleines Kräutergärtchen hat auch in Kästen und Kübeln Platz. Für eine kleine Heil- und Gewürzkräutersammlung lassen sich Gefäße aller Größen aufstellen. In Innenhöfen, im Schutz von Hauswänden, ergeben sich oft ideale Standorte für das bewegliche Kräutergärtchen. Hier lassen sich zum Beispiel an starken Haken auch Pflanzampeln aufhängen. Kräuter in Kübeln können dekorativ in Stufen angeordnet werden, Pflanzgefäße aus Ton und Stein, in unterschiedlichen Größen und Formen, sind besonders geeignet. Grundsätzlich lassen sich alle ein- und mehrjährigen Kräuter in Schalen, Töpfen und Trögen kultivieren. In größeren Töpfen gedeihen sogar ausdauernde Kräuter wie Melisse, Estragon, Salbei und Ysop. Bohnenkraut, Kerbel, Kresse und Dill lassen sich in Kästen aussäen. Rosmarin und Lorbeerbäumchen verleihen dem mobilen Kräutergärtchen mediterranes Flair, sie müssen allerdings im Winter ins Haus geholt werden. Auch im mobilen Kräutergarten muss auf eine sonnige Lage geachtet werden, und es ist immer zu bedenken, dass Pflanzen in Gefäßen sich nur begrenzt mit Wasser und Nährstoff versorgen lassen. Eine durchlässige Erde und gute Drainage (Tonscherben oder eine Sandschicht auf den Abzugslöchern) verhindern „nasse Füße“. Nach dem Einwachsen sollten die Kräuter alle 4 Wochen mit organischem, flüssigem Dünger bzw. mit Kräuter- oder Kompostauszügen versorgt werden. Mehrjährige Kräuter muss man von Zeit zu Zeit umtopfen.

Kräuter auf der Fensterbank

Kräutersammlung in verschiedenen Gefäßen

Pflanzampel mit Kräutern

Pflanzvorschlag für einen Balkonkasten

Hochwachsende Kräuter wie Fenchel, Rosmarin, Ringelblume und Wermut werden hinten in den Balkonkasten gepflanzt.

Mittelhohe Kräuter wie Kamille, Johanniskraut, Ysop und Knoblauch wachsen in der Mitte.

Niedrige bzw. hängende Pflanzen wie Kapuzinerkresse, Thymian, Minzearten stehen vorne.

Balkonkasten mit Kräutern

Kräuter in der Natur sammeln

Unbelastete Kräuter findet man nur weit entfernt von aller Zivilisation: auf Wiesen, auf dem freien Feld, im Gebirge oder im Unterholz und Gebüsch. Hier, in ihrer natürlichen Umgebung, wachsen sie unbelastet von Schadstoffen im Gleichgewicht mit anderen Pflanzen und sind auch reich an Wirkstoffen. Man sollte deshalb Kräuter keinesfalls an Straßenrändern, in der Nähe offener Müllhalden oder landwirtschaftlich intensiv genutzter Flächen sammeln.

Selbstverständlich geht der Nutzer der „Naturapotheke“ beim Sammeln schonend und achtsam mit der Natur um. Man entnimmt nur kleine Mengen und belässt immer einige Pflanzen zur Arterhaltung am Sammelort. Zum Sammeln eignet sich am besten ein Korb aus natürlichen Materialien, in dem das Sammelgut nicht zu dicht aufeinander liegt oder gepresst wird. Plastiktüten sind ungeeignet.

Für die unterschiedlichen Pflanzenteile gilt:

- Die Rinde wird im Frühjahr gesammelt, wenn die Zweige voll im Saft stehen; sie lässt sich dann leichter vom Zweig lösen.
- Die Blätter sammelt man im Spätfrühling, wenn sie sich voll entfaltet haben. Junge Blätter sind besonders zart, ältere werden häufig hart und bitter.
- Blüten sammelt man am besten, ehe sie sich geöffnet haben, dann enthalten sie die meisten Wirkstoffe.
- Samen werden vor ihrer Freisetzung gesammelt, sie lassen sich mit Hilfe eines Siebes von den anderen Pflanzenteilen trennen.

Zum Sammeln von Kräutern eignet sich am besten ein Korb.

Der Umgang mit den Kräutern

Fast alle Kräuter können auch ausgesät oder als Jungpflanzen im Fachhandel erworben werden. Bei mehrjährigen Pflanzen lohnt sich der Kauf einer Pflanze, da sie meist durch Teilung vermehrt werden kann. Kräuter sind genügsam, aber zu empfehlen sind 1- bis 2-mal im Jahr Kompostgaben oder organischer Dünger. Ab und zu muss gejätet und bei ausdauernden Kräutern als Winterschutz gemulcht werden. Nicht frostharte Kräuter überwintern im Haus. Einige Kräuter (Petersilie, Schnittlauch, Basilikum u.a.) lassen sich im Herbst eintopfen und am Küchenfenster weiter kultivieren. Kräuter werden kaum von Krankheiten befallen, da ihre besonderen Inhaltsstoffe ihnen einen natürlichen Schutz geben. Kräuterauszüge werden ja auch als vorbeugende und heilende Mittel gegen Schädlinge und Krankheiten eingesetzt. Es empfehlen sich vor allem mechanische Pflanzenschutzmaßnahmen.

Zum Trocknen lassen sich Kräuter zu losen Sträußen gebunden kopfüber aufhängen.

Kräuter konservieren

Eine bewährte Methode ist die Lufttrocknung, die möglichst unmittelbar nach dem Sammeln beginnen sollte. Dann bleiben die Wirkstoffe länger erhalten. Vor allem muss die Schimmelbildung verhindert werden. Daher wählt man für den Trocknungsvorgang gut belüftete Plätze. Viele Pflanzen dürfen nicht der Sonne ausgesetzt werden, damit nicht ihr Aroma verfliegt, wertvolle Öle verloren gehen oder die Farbe ausbleicht. Hier bieten sich geschützte Balkone oder Terrassen, bei Wärmebedarf heizungsnahe Räume an. Zu Sträußen gebundene Kräuter können kopfüber aufgehängt werden, allerdings nicht direkt an der Wand, damit die Luft frei zirkulieren kann. Andere Pflanzenteile breitet man in dünnen Lagen auf einem Stoff aus. Härtere Kräuter oder empfindliche Blüten, deren frische Farben man erhalten will, lassen sich bei 30 Grad im geöffneten Backofen trocknen bzw. dörren.

Das Trocknen ist abgeschlossen, wenn sich die dünneren Pflanzenteile leicht zwischen den Fingern zerbröseln lassen. Wichtig ist vor allem, dass die Kräuter vollständig durchgetrocknet sind, sonst verschimmeln sie rasch.

Gläser sollten nicht dem Licht ausgesetzt werden.

Mit einem Möser lassen sich Kräuter zerkleinern.

Kräuter aufbewahren

Hierfür bieten sich Tongefäße oder Gläser an. Bei Gläsern lassen sich sofort erste Zeichen von Kondenswasserbildung erkennen. Dann muss der Inhalt umgehend nochmals getrocknet werden. Außerdem ist immer darauf zu achten, dass die Gläser nicht dem Licht ausgesetzt sind. Darüber hinaus sollten die Gefäße mit einem Etikett versehen werden, um Verwechslungen zu vermeiden.

Um eine optimale Freisetzung der jeweiligen Wirkstoffe zu gewährleisten, empfiehlt es sich, die getrockneten Kräuter vor der Verwendung mit Stein- oder Porzellanmörsern zu zerkleinern, Wurzeln, holzige Teile und Samen müssen etwa auf die Größe eines Reiskorns verkleinert werden. Wichtig ist, dass man immer nur die für den unmittelbaren Gebrauch notwendige Menge zerkleinert, da die Wirkstoffe relativ schnell an Kraft verlieren. Das getrocknete Sammelgut ist nicht unbegrenzt haltbar. Spätestens nach einem Jahr sollte die Hausapotheke aus der Natur erneuert werden.

Kräuter, die rasch ihr Aroma verlieren (wie beispielsweise Basilikum), können eingefroren werden. Auch das Einlegen in Öl ist möglich. (Siehe hierzu auch die Hinweise bei den einzelnen Pflanzen im Kapitel „Heilpflanzen im Portrait.")

Ein eigener *Heilpflanzengarten*

Heilkräuter im Überblick

Deutscher und botanischer Name	Freilandaussaat/ Pflanzung	Standort	Höhe in cm	Verwendete Teile/Ernte
Ein- und Zweijährige Kräuter				
Dill *Anethum graveolens*	ab April in Folgesaaten	sonnig	50 bis 120	Blätter fortlaufend bis z. Herbst; Blütenstände ab Blühbeginn
Basilikum *Ocimum basilicum*	ab Mitte Mai	sonnig	15 bis 60	Blätter und junge Triebe den ganzen Sommer über
Bohnenkraut *Satureja hortensis*	ab Mitte Mai	sonnig	bis 40	Blätter den ganzen Sommer über; ganze Triebe zum Trocknen
Petersilie *Petroselinum crispum*	April/Mai oder Juli/August	sonnig bis halbschattig	15 bis 20	Blätter ab Juni bis zur Blüte
Ausdauernde Kräuter				
Schafgarbe *Achillea millefolium*	April/Mai	sonnig	30 bis 50	während der Blüte junge Blätter; ganzes Kraut zum Trocknen
Knoblauch *Allium sativum*	Stecken der Zehen im Frühjahr o. Herbst	sonnig bis halbschattig	bis 100	Knolle im Frühjahr oder Herbst nach dem Stecken
Wermut *Artemisia absinthium*	im Frühjahr	sonnig	bis 150	fortlaufend junge Blätter; obere Triebteile zum Trocknen
Beifuß *Artemisia vulgaris*	Mai	sonnig	bis 200	junge Blätter nur bis zur Blüte; Blütenknospen
Fenchel *Foeniculum vulgare*	März/April	sonnig	bis 200	Blätter fortlaufend; halbreife Früchte ab dem 2. Jahr
Ysop *Hyssopus officinalis*	ab Mitte Mai	sonnig	40 bis 60	Blätter fortlaufend; ganzes Kraut zum Trocknen
Lavendel *Lavandula angustifolia*	ab Mitte Mai	sonnig	30 bis 40	zarte Triebspitzen im Sommer; ganze Triebe zum Trocknen
Liebstöckel *Levisticum officinale*	März/April Pflanzung von Wurzelstücken	sonnig bis halbschattig	bis 200	Blätter fortlaufend; Wurzelstücke im Frühjahr oder Herbst

Deutscher und botanischer Name	Freilandaussaat/ Pflanzung	Standort	Höhe in cm	Verwendete Teile/Ernte
Ausdauernde Kräuter				
Zitronenmelisse *Melissa officinalis*	im Frühjahr	sonnig bis halbschattig	bis 100	Blätter fortlaufend; ganzes Kraut zum Trocknen
Brunnenkresse *Nasturtium officinale*	ab Mitte Mai	halbschattig bis schattig	bis 40	Blätter und Triebspitzen fortlaufend
Salbei *Salvia officinalis*	ab Mai	sonnig	30 bis 70	junge Blätter fortlaufend; ganze Triebe zum Trocknen
Weinraute *Ruta graveolens*	April	sonnig	bis 100	junge Blätter fortlaufend; ganze Triebe zum Trocknen
Bergbohnenkraut *Satureja montana*	April/Mai	sonnig	bis 50	Blätter ganzjährig; ganze Triebe zum Trocknen
Beinwell *Symphytum officinale*	Pflanzung von Wurzelstücken im Frühjahr	halbschattig	50 bis 100	frische Blätter vom Frühjahr bis zum Herbst
Thymian *Thymus vulgaris*	ab April	sonnig	20 bis 40	junge Blätter bis zum Herbst; ganze Triebe zum Trocknen
Brennnessel *Urtica dioica*	Pflanzung von Wurzelstücken im Frühjahr	sonnig bis halbschattig	bis 150	junge Blätter fortlaufend

Heilpflanzen im Porträt

Heilpflanzen im Porträt

Bei Hildegard findet sich natürlich auch viel Mystisches und Mythisches, das sie teils aus der antiken Überlieferung, teils aus dem Volksglauben übernommen hat. Wichtig ist jedoch Hildegards genaue Beobachtung, mit der sie sich vor allem den Pflanzen widmete. Etwa 300 Kräuter, Blumen, Gemüse, Bäume und Sträucher bilden einen Hauptbestandteil ihres naturkundlichen Werkes „Physica“. Im folgenden Kapitel werden, eingeleitet mit Originaltexten, 54 von Hildegards heilkräftigen Gartenpflanzen vorgestellt.

„Aber jedes Kraut ist entweder warm oder kalt, und so wächst es, weil die Wärme der Kräuter ihre Seele bezeichnet und die Kälte ihren Leib... Und gewisse Kräuter haben die Kraft starker Gewürze und Herbheit der bittersten Gewürze in sich.“

Akelei

Elfenblume

(Aquilegia vulgaris)

„Die Akelei ist kalt und ein Mensch, in dem Skrofeln (Drüsen) zu wachsen beginnen, der esse oft rohe Akelei, und die Skrofeln nehmen ab. Aber wer auch viel Schleim auswirft, der beize Akelei in Honig und esse sie oft, und der Schleim nimmt ab, und sie reinigt ihn so. Wer aber Fieber hat, der zerstoße Akelei, und er seihe ihren Saft durch ein Tuch, und diesem Saft gebe er Wein bei, und so trinke er oft, und es wird ihm besser gehen."

Volksglauben

Bereits in der Antike galt die zarte Blüte als Aphrodisiakum der Männer. Ein aus der Akelei bereiteter Trank galt als wirksam gegen die durch Zauberei bewirkte Impotenz. Auch in Fruchtbarkeitsritualen spielte die Pflanze eine Rolle, denn gegen die Unfruchtbarkeit sollte man sie ins Bettstroh legen. Der Akelei-Wein stellte „verlorene Mannheit" wieder her. Die Samen der Pflanze waren Bestandteil vieler Hexensalben.

Anbau im Garten

Die Akelei ist eine mehrjährige, 30 bis 80 cm hohe Staude aus der Familie der Hahnenfußgewächse. Sie trägt nickende, glockenartige, weißrosa bis blauviolette, gefüllte Blüten und hat gefiederte, blaugrüne Blätter. Die Blütezeit ist von April bis Juni. **Wichtig:** Die Akelei ist leicht giftig! Alle Wildarten der Akelei sind geschützt!

Im Garten braucht die Pflanze einen halbschattigen bis sonnigen Standort mit humusreichem, leicht feuchtem Boden. Die Vermehrung erfolgt durch Aussaat direkt nach der Samenreife im Sommer, bei gekauftem Samen auch im Frühjahr. Häufig sät sie sich selbst aus, lässt sich aber auch im Topf anziehen.

Ernte und Aufbereitung

Man sammelt von Juni bis Oktober Blüten, Blätter und Samen und trocknet sie. Akeleisaft wird in Alkohol konserviert.

Inhaltsstoffe

Die Akelei enthält Blausäureglykosid, Linolsäure, Myristinsäure, Magnoflorin. Sie wirken schweißtreibend, krampflösend, harntreibend, appetitanregend, entzündungshemmend.

Alant

Helenenkraut

(Inula helenium)

„Der Alant ist von warmer und trockener Natur... Er soll das ganze Jahr über sowohl dürr als auch grün in reinen Wein gelegt werden. Aber nachdem er sich im Wein zusammengezogen hat, schwinden die Kräfte in ihm und dann soll er weggeworfen und neuer eingelegt werden. Und wer in der Lunge Schmerzen hat, der trinke ihn täglich mäßig vor und nach dem Essen, und das Gift – das ist der Eiter – nimmt er aus seiner Lunge weg. Und er unterdrückt die Migräne und reinigt die Augen. Aber wenn einer ihn häufig so trinken würde, den würde er wegen seiner Stärke schädigen. Wenn du aber keinen Wein hast, um ihn einzulegen, dann mach mit Honig und Wasser eine reine Honigwürze und lege den Alant ein und trinke ihn wie oben gesagt wurde."

Volksglauben

Der Legende nach wird der lateinische Name auf die schöne Helena zurückgeführt, die den Alant bei ihrer Entführung durch Paris in den Händen gehalten haben soll. Ein alter Kräutersegen aus dem 11. Jahrhundert berichtet, dass es sich beim Alant um ein probates Mittel gegen Hexenschuss handelt. Doch er half nur dann, wenn man ihn an einem Donnerstag unter Absingen frommer Lieder aufsuchte, ihn mit einem Messer anstach, dieses in der Wurzel stecken ließ und das Kraut aber erst am nächsten Tag vorsichtig ausgrub. Verwenden durfte man es erst, wenn es eine Weile unter dem Altar gelegen hatte und mit Weihwasser abgewaschen worden war. Bei einem weniger religiös orientierten Verfahren wurde der Stein, mit dem man die Pflanze ausgegraben hatte, in die Höhe geworfen und das Kraut herausgerissen, noch ehe der Stein zur Erde gefallen war. Wenn dies nicht gelang, war der Alant ohne Wirkung.

Anbau im Garten

Der Alant ist eine mehrjährige, ausdauernde Staude aus der Familie der Korbblütler. Die Pflanze wird bis zu 200 cm hoch, hat einen knollig verdickten Wurzelstock, große ei- bis herzförmige, fein gesägte, unterseits filzig behaarte Blätter. Die großen, gelben Blüten stehen in dichten Köpfen. Die Blütezeit ist von Juli bis September. Im Garten bevorzugt die Pflanze einen sonnigen bis halbschattigen Standort und einen humusreichen, feuchten Boden. Alant vermehrt man durch Aussaat im Frühjahr oder durch Teilung der Pflanze nach der Blüte.

Ernte und Aufbereitung

Man erntet im Herbst oder Frühjahr nur die Wurzelstöcke kräftiger Pflanzen, die etwa 3 Jahre alt sein sollten. Zum Trocknen schneidet man sie der Länge nach durch oder in Scheiben. Die Blätter werden nur von jungen Pflanzen geerntet und an der Luft getrocknet.

Inhaltsstoffe und Wirkung

Der Alant enthält ätherisches Öl, Alantsäure, Kampfer, Azulen, Insulin, Bitterstoffe. Sie wirken krampf- und schleimlösend, hustenstillend, verdauungsfördernd.

Andorn

Weißer Dorant

(Marrubium vulgare)

„Der Andorn ist warm. Denn wer taube Ohren hat, der koche Andorn in Wasser und nehme ihn aus dem Wasser und lasse seinen warmen Dunst in seine Ohren dringen, und er lege ihn so warm um die Ohren und den ganzen Kopf, und er wird ein besseres Gehör erlangen. Und wer in der Kehle krank ist, der koche Andorn in Wasser und seihe jenes gekochte Wasser durch ein Tuch, und er füge zweimal so viel Wein bei und lasse es nochmals in einer Schüssel aufkochen unter Beigabe von genügend Fett, und so trinke er es oft und er wird in der Kehle geheilt werden."

Volksglauben

Der Andorn wird manchmal dem geheimnisvollen Dorant, dem bekannten „hexenwidrigen" Mittel, gleichgesetzt. Als hexenvertreibend erweist sich der Andorn, wenn er nachts zwischen 11 und 12 Uhr auf einem Friedhof oder in der Johannisnacht gepflückt wird. Er wurde zum Scheuern der Milchgefäße benutzt, damit die Butter zusammengeht. Fressunlustigem Vieh hängte man ihn an den Hals. Unter Bienenstöcke gelegt, sollte er die Bienen zum Brüten reizen.

Anbau im Garten

Der Andorn ist eine mehrjährige, bis zu 60 cm hohe Staude aus der Familie der Lippenblütler. Ihre oberirdischen Teile treiben jedes Jahr im Frühjahr neu aus. Die vierkantigen Stängel sowie die gezähnten Blätter sind filzig behaart. Die Blütezeit ist von Juni bis September.

Im Garten braucht die Pflanze einen sonnigen Standort mit mäßig feuchtem, gut gedüngtem Boden. Die Vermehrung erfolgt durch Aussaat oder Stecklinge.

Ernte und Aufbereitung

Man sammelt die Blätter vor und während der Blüte. Da die unteren Stängelteile derb sind, werden nur die oberen Teile der Pflanze abgeschnitten, zu Sträußchen zusammengebunden und zum Trocknen aufgehängt.

Inhaltsstoffe und Wirkung

Der Andorn enthält Gerbstoffe, Bitterstoff (Marrubiin), ätherisches Öl. Sie wirken krampflösend, entzündungshemmend, schleimlösend, hustenstillend, appetitanregend und verdauungsfördernd.

Bachminze

Wasserminze

(Mentha aquatica)

„Die Bachminze ist warm, aber doch etwas kalt und kann mäßig gegessen werden, und gegessen nützt sie dem Menschen nicht und schadet ihm auch nicht viel. Wenn sein Magen von vielen Speisen und Getränken beschwert wird und er daher dämpfig ist, dann esse er die Bachminze roh oder gekocht mit Fleisch oder in Suppen oder in Mus gekocht, und die Dämpfigkeit wird weichen, weil sie die fetten und warmen Eingeweide und seinen Speck etwas abkühlt."

Volksglauben

Schon die alten Griechen haben die feine Wirkung der Bachminze erkannt und vielseitig verwendet. Sie war ein wichtiger Bestandteil des Einweihungstrankes bei den eleusinischen Mysterien. Bei heftigem Kopfweh auf die Stirne gebunden, sollte sie schon nach kurzer Zeit Beruhigung und ein Nachlassen des Schmerzes vermitteln. Bachminze erfrischte die Sinne, wenn sie gerochen wurde. Halb in Wasser, halb in Wein zubereitet, nahm sie übel und faul riechenden Atem und regte zum Küssen an. Im Mittelalter wurde sie bei schlechter Raumluft in Krankenhäusern verräuchert.

Anbau im Garten

Die Bachminze ist eine 20 bis 80 cm hohe, mehrjährige Staude aus der Familie der Lippenblütler. Die stark aromatisch riechende Pflanze hat eiförmige, gegenständige Blätter, die rosa- bis lilafarbenen, kugeligen Blütenstände sitzen in den Achseln der oberen Blätter. Die Blütezeit ist von Juli bis Oktober.

Im Garten sollte der Standort sonnig bis halbschattig und feucht sein. Die Vermehrung erfolgt durch Teilung des Wurzelballens vor dem Neuaustrieb im Frühjahr, nach der Blüte im Herbst oder durch vorsichtiges Abtrennen bewurzelter Ausläufer.

Ernte und Aufbereitung

Die Blätter werden während der gesamten Wachstumsphase, aber vor der Blüte gesammelt und frisch oder getrocknet verwendet.

Inhaltsstoffe und Wirkung

Die Bachminze enthält ätherische Öle (Menthol, Menthon, Cineol, Pinen, Limonen), Flavonoide, Gerb- und Bitterstoffe. Sie wirken verdauungsfördernd, krampflösend, durchblutungsfördernd, desinfizierend.

Baldrian

Katzenkraut

(Valeriana officinalis)

„Der Baldrian ist warm und feucht, und wer an Brustfellentzündung leidet, oder jener der von der Gicht Schmerzen hat, der pulverisiere Baldrian und diesem Pulver füge er etwas weniger Pulver von Katzenminze bei und dann mache er mit Mehl und Wasser Kucheln (Törtchen) in einer Schüssel mit Fett und diese vorgenannten Pulver vermische er und so esse er es oft, und die Brustfellentzündung und die Gicht werden von ihm weichen, sodass es ihm besser geht."

Volksglauben

Der Name geht wohl auf den germanischen Gott Baldur, dem das Kraut geweiht war, zurück. Im Volksmund wurde der Baldrian auch „Katzenkraut" genannt, da er aufgrund seines Geruchs Katzen anlockt. Da Katzen eine exzellente Sehfähigkeit besitzen, wurde er früher auch als Augenheilmittel angepriesen. Im Mittelalter galt er als Mittel gegen Pest und andere Seuchen. Eine weitere Bezeichnung, „Hexenkraut", lässt sich vermutlich auf den Geruch des Baldrians zurückführen, der angeblich böse Geister und Hexen vertreiben sollte. Dieser typische Geruch hat der Sage nach auch dem Rattenfänger von Hameln geholfen, der einen Baldrianzweig an seinem Gürtel befestigt haben soll und so die Ratten anlockte. Wenn Bäuerinnen Ärger mit der Milch hatten, die nicht zu Butter werden wollte, dann flochten sie aus Baldrian ein Kränzlein und gossen die „verhexte" Milch hindurch.

Anbau im Garten

Der Baldrian ist eine winterharte, 80 bis 180 cm hohe Staude aus der Familie der Baldriangewächse. Im Frühjahr wachsen zuerst unpaarig gefiederte, leuchtend grüne, tief eingeschnittene Blätter aus der Erde und bilden ein luftiges Kissen. Ende April steigen aus den Blättern die ersten Stiele auf, die rosafarbene, intensiv duftende Einzelblüten in schirmförmigen Trugdolden tragen. Die Blütezeit ist von Mai bis August.

Im Garten gedeiht die Pflanze an einem sonnigen bis halbschattigen Platz mit einem eher mageren, durchlässigen Boden. Die Vermehrung erfolgt vor allem durch Aussaat im Frühjahr oder durch Teilung im Herbst. Da Baldrian auch Regenwürmer anlockt, sollte er auch in gemischten Rabatten und im Gemüsegarten kultiviert werden.

Ernte und Aufbereitung

Man gräbt im September die Wurzeln aus, wäscht sie gründlich und hängt sie zum Trocknen auf. Die Wurzeln zweijähriger Pflanzen sind am wirkstoffreichsten.

Inhaltsstoffe und Wirkung

Baldrian enthält ätherisches Öl und Valepotriate. Sie wirken krampflösend sowie beruhigend bei nervösen Schlafstörungen, Unruhe- und Reizzuständen.

Basilikum

Königskraut

(Ocimum basilicum)

„Das Basilikum ist kalt. Aber ein Mensch, der an seiner Zunge die Lähmung hat, sodass er nicht sprechen kann, der lege Basilikum unter seine Zunge und er wird die Sprache wiedererlangen. Aber auch wer starke Fieber hat, entweder Dreitage- ooder Viertagefieber, der koche Basilikum in Wein und gebe Honig bei und seihe das, und er trinke das oft nüchtern und nach dem Essen des Abends, und die Fieber in ihm werden weichen."

Volksglauben

Das Wort Basilikum leitet sich vom griechischen „basileios" (königlicher) her. Deshalb wird Basilikum auch Königskraut genannt. *Ocimum* geht auf das griechische Wort oza (Geruch) zurück – Basilikum hat einen sehr intensiven Geruch. Er sollte böse Geister vertreiben und beschützend wirken. Basilikumkränze wurden als Grabbeigabe schon in Gräbern der alten Ägypter gefunden.

Anbau im Garten

Das Basilikum ist ein einjähriges, aromatisches 20 bis 40 cm hohes Kraut aus der Familie der Lippenblütler. Die buschig wachsende Pflanze hat eiförmige, ganzrandige oder leicht gezähnte, hellgrüne Blätter und trägt in den Triebspitzen kleine cremeweiße bis rötliche Blüten in endständigen Ähren. Die Blütezeit ist von Juli bis September.

Im Garten braucht das Basilikum einen sehr sonnigen, warmen und windgeschützten Platz mit nährstoffreichem, humosem Boden. Die frostempfindliche Pflanze wird am besten im Frühbeetkasten vorgezogen. Die Aussaat erfolgt Ende März in Saatschalen, die Samen nur leicht mit Erde bedecken (Lichtkeimer). Ausgepflanzt ins Freie wird ab Mitte Mai. Regelmäßig gießen; die Triebspitzen regelmäßig auskneifen, um einen buschigen Wuchs zu fördern.

Ernte und Aufbereitung

Man erntet laufend frische, junge Blätter. Sie werden frisch oder getrocknet verwendet. Frische Blätter können auch eingefroren werden.

Inhaltsstoffe und Wirkung

Basilikum enthält ätherische Öle, Gerbstoffe, Vitamine, Flavonoide und Saponine. Sie wirken fiebersenkend, magenberuhigend und verdauungsfördernd.

Beifuß

Sonnwendkraut

(Artemisia vulgaris)

„Der Beifuß ist sehr warm, und sein Saft ist sehr nützlich, und wenn er gekocht wird und in Mus gegessen wird, heilt er kranke Eingeweide, und er wärmt den kranken Magen. Aber wenn jemand isst und trinkt und davon Schmerzen leidet, dann koche er mit Fleisch oder mit Fett oder in Mus oder in einer anderen Würze und Gemisch den Beifuß und esse ihn, und diese Fäulnis, die der Kranke sich durch frühere Speisen und Getränke zugezogen hat, nimmt er weg und vertreibt sie… Wenn an irgend einer Stelle des menschlichen Körpers die Haut aufgebrochen ist, aber kein bösartiges Geschwür vorhanden ist, und wenn Tropfen und schädliche Säfte vereint ausfließen, dann soll man Beifuß nehmen und seinen Saft in einem Mörser auspressen und diesem Saft Honig hinzufügen, sodass der Saft vom Beifuß ein Drittel mehr ausmacht als der Honig. Damit soll er sich dort einreiben, wo er Schmerzen hat."

Volksglauben

Römische Soldaten sollen den am Straßenrand wachsenden Beifuß beim Vorbeimarsch in ihre Sandalen eingelegt haben. In einem Kräuterbuch von 1656 hieß es: „Wenn ein Fußreisender am Morgen Beifuß in seine Schuhe steckt, kann er bis Mittag vierzig Meilen laufen, ohne müde zu werden." Wer Beifuß in der Sonnwendnacht in das Johannisfeuer geworfen hatte, konnte mit „einem Jahr Gesundheit" rechnen. Wurde Beifuß am Johannistag gepflückt, war das Kraut am wirksamsten. Die über der Haustür gehängte Beifußwurzel schützte das Haus vor Feuer und Hexen.

Anbau im Garten

Der Beifuß ist eine mehrjährige, 60 bis 150 cm hohe, buschig wachsende Staude aus der Familie der Korbblütler. Sie hat verschiedenartig gefiederte, oberseits dunkelgrüne, unterseits weiß- bis graufilzig behaarte Blätter und gelbliche, filzig behaarte, in langen Rispen stehende Blütenköpfchen. Die Blütezeit ist von Juli bis September.
Im Garten gedeiht der Beifuß in jedem Boden an einem sonnigen bis halbschattigen Platz. Am besten kauft man Jungpflanzen, die man im Herbst durch Teilung des Wurzelstocks vermehrt.

Ernte und Aufbereitung

Zur Blütezeit werden die oberen Triebspitzen geschnitten, frisch verwendet oder zu Bündeln zusammengefasst und an der Luft zum Trocknen aufgehängt.

Inhaltsstoffe und Wirkung

Beifuß enthält ätherische Öle, Gerb- und Bitterstoffe. Sie wirken appetitanregend, krampflösend, verdauungsfördernd und antiseptisch.

Beinwell

Wallwurz

(Symphytum officinale)

„Der Beinwell ist kalt. Und wenn ein Mensch ihn ohne Vernunft isst, gibt er alle Säfte, die in ihm eingerichtet sind, preis... So heilt der Beinwell, wenn er unrichtig und nicht in rechter Weise gegessen wird, die Geschwüre äußerlich, und allerlei Fauliges schickt er nach innen... Wenn bei einem Menschen das innere Häutchen (Bauchfell), in das die Eingeweide eingeschlossen sind, aus irgend einem Grund reißt, nehme er Efeu, die doppelte Menge Beinwell und koche die Kräuter in gutem Wein. Nach dem Kochen trenne er sie vom Wein... Die genannten Kräuter, die im erwähnten Wein gekocht wurden, lege der Kranke warm auf die Stelle, wo das Bauchfell gerissen ist.... Er soll auch die Wurzel des Beinwells in ganz kleine Stücke schneiden und die rohen Stücke in Wein legen, damit er von ihnen den Geschmack annimmt. Diesen Wein soll er trinken, bis er gesund ist."

Volksglauben

Beinwell fand schon im Altertum bei Knochenbrüchen und zur Wundheilung Anwendung. Römische Krieger schätzten die positive Wirkung des Beinwells zur äußeren Anwendung bei Verletzungen. Kaum eine Heilpflanze beschreibt auch mit ihrem deutschen Namen so gut ihre Wirkung. Die Silbe „well" kommt vermutlich von dem alten Beinwellnamen „Wallwurz". Das Wort „wallen" bedeutet soviel wie „zusammenwachsen" und verweist auf die heilenden Eigenschaften dieser Pflanze. Wenn man die Blätter der Beinwellpflanze um die Bettlade legte, konnte man auf nächtliche Ruhe hoffen, denn Wanzen und Flöhe würden daran kleben bleiben.

Anbau im Garten

Beinwell ist eine ausdauernde, 50 bis 150 cm hohe Staude aus der Familie der Raublattgewächse mit einer tief reichenden Pfahlwurzel, länglich-ovalen Blättern und glockenförmigen, rötlich-violetten oder weißen Blüten, die in lockeren Trauben stehen. Die Blütezeit ist von Mai bis August.

Im Garten liebt die Pflanze tiefgründige, nährstoffreiche Böden, lichten Schatten, etwas Sonne und viel Platz, denn sie gedeiht üppig. Beinwell sollte im Frühjahr oder Herbst durch Teilung gezogen und im Abstand von 60 cm im Halbschatten in feuchte Erde gepflanzt werden.

Ernte und Aufbereitung

Entweder im Frühjahr oder im Spätherbst gräbt man die Wurzelstöcke aus, schneidet sie der Länge nach durch, reiht sie auf Schnüre und hängt sie zum Trocknen auf. Das Kraut wird am besten im Mai gesammelt, wenn sich die Blüten entwickeln.

Inhaltsstoffe und Wirkung

Beinwell enthält Allantoin, Gerbstoffe, Schleim, Flavonoide und verschiedene Pflanzensäure. Sie wirken wundheilend und entzündungshemmend.

Benediktenkraut

Bitterdistel

(Cnicus benedictus)

„Das Benediktenkraut ist warm, und wenn jemand es im Trank einnimmt, entbrennt er in begehrlicher Liebe. Aber wenn es einem Menschen am ganzen Körper an seinen Körperkräften gebricht, dann koche er Benediktenkraut in Wasser, und dieses Wasser trinke er oft so warm, und er wird die Körperkräfte wiedererlangen, und nachdem es mit dem Körper besser geworden ist, meide er es."

Volksglauben

Einst wurde erzählt, dass der heilige Benedikt von Nursia seinen Mönchen, den Benediktinern, empfohlen habe, das Kraut in ihren Gärten anzubauen. Und so sei das Kraut zu seinem Namen gekommen. Hildegard zufolge entflammt das im Trank eingenommene Benediktenkraut zu heftiger Liebe und heißt deshalb im Volksmund auch „Mannkraft". Wegen seines starken Geruchs galt das Kraut auch als antidämonisch und war Bestandteil des „Malefizpulvers", eine Mischung aus verschiedenen Heilkräutern, das wirksam gegen Augenleiden sein sollte. Hatten Mensch und Vieh böse Augen, so legte man kleine Bündelchen des Krauts darauf. Nachdem das Bündelchen acht Tage lang getragen wurde, warf man es rücklings, ohne sich umzudrehen, in ein fließendes Gewässer.

Anbau im Garten

Das Benediktenkraut ist eine einjährige, 30 bis 50 cm hohe, distelartige Pflanze aus der Familie der Korbblütler. Sie hat lanzettliche, grob gezähnte, dornige und klebrige, zottig behaarte Blätter. In einem Trichter sitzen von Hochblättern und spinnwebartig behaarten Hüllkelchblättern umgebene gelbe Blüten. Die Blütezeit ist Juni bis September.

Im Garten bevorzugt die Pflanze einen sonnigen bis halbschattigen Platz mit nährstoffreichem Boden. Die Vermehrung erfolgt durch Aussaat.

Ernte und Aufbereitung

Das Kraut (Blätter und Sprossspitzen mit Blüten) wird kurz vor oder während der Blütezeit geerntet und frisch oder getrocknet verwendet.

Inhaltsstoffe und Wirkung

Das Benediktenkraut enthält Bitter- und Gerbstoffe sowie ätherische Öle. Sie wirken bei chronischen Magenbeschwerden, verdauungsfördernd und regen den Stoffwechsel an.

Betonienkraut

Heilziest

(Stachys officinalis)

„Das Betonienkraut ist warm… Und wer von falschen Träumen geplagt zu werden pflegt, der habe Betonienkraut bei sich, wenn er abends schlafen geht und wenn er schläft, und er wird weniger falsche Träume sehen und spüren… Wenn eine Frau zu unrechter Zeit an zu starkem Monatsfluss leidet, lege sie Betonienkraut in Wein, damit er davon Geschmack annehme, und sie trinke oft, und sie wird geheilt werden.“

Volksglauben

Schon im alten Rom sollen die Gladiatoren Teile dieser Pflanze als Amulett gegen Hieb- und Stichverletzungen getragen haben. In Italien heißt es in einem alten Spruch „venda la tonica e compra betonica“ (verkauf dein Gewand und kauf Betonie). Bei uns wurde das Betonienkraut unter der Türschwelle der Häuser vergraben, um bösen Geistern den Eintritt zu verwehren. Als Heilmittel gegen „angehexte“ Liebe gruben „patonnerynnen“ (Kräuterhexen) das Kraut aus. Das sündhafte und exzessive „Patoniengraben“ wurde im 14. Jahrhundert im frommen „Gewissenspiegel“ verboten.

Anbau im Garten

Das Betonienkraut gehört zur Familie der Lippenblütler und ist eine 30 bis 60 cm hohe ausdauernde Staude mit einem aufrechten, rauhaarigen, nur wenig verzweigten Stängel. Die gegenständig angeordneten Blätter sind eiförmig und am Rand gekerbt. Die purpurroten Blüten bilden an der Stängelspitze eine Ähre aus mehreren Scheinquirlen. Die Blütezeit ist Juli/August. Im Garten braucht die Betonie einen sonnigen bis halbschattigen Platz, der Boden kann trocken, aber auch feucht sein. Die Pflanze breitet sich über Ausläufer aus, wird aber durch Wuchern kaum lästig. Die Betonie blüht den ganzen Sommer über und zieht dabei eine Unmenge von Wildbienen an. Mit dieser Pflanze lässt sich also viel für die Natur im Garten machen.

Die Anzucht erfolgt im Frühjahr oder Herbst; dann lassen sich die Horste auch gut teilen.

Ernte und Aufbereitung

Man erntet das blühende Kraut, schneidet es etwa handbreit über dem Boden ab (die manchmal verholzten unteren Teile meiden), bündelt es und hängt es an einem luftigen Ort zum Trocknen auf.

Inhaltsstoffe und Wirkung

Das Betonienkraut enthält Gerb- und Bitterstoffe, Cholin, Stachydrin. Sie wirken schlaffördernd, blutstillend.

Bockshornklee

Griechisch Heu

(Trigonella foenum-graecum)

„Der Bockshornklee ist mehr warm als kalt. Und ein Mensch, der täglich Fieber hat, die ihm oft den Schweiß austreiben und den das Essen anwidert, das heißt schädigt, der nehme das Kraut vom Bockshornklee im Sommer und erwärme seinen Samen in Wein und trinke dies oft warm im nüchternen Zustand, und es wird ihm besser gehen. Aber wer Viertagefieber hat, der koche Bockshornklee in Wasser, und wenn das Wasser ausgepresst ist, wickle er dies oft abends warm um beide Unterschenkel, und er binde ein Tuch darüber, und er trinke oft in Wein gewärmten Bockshornklee, wie oben gesagt wurde, und er wird geheilt werden."

Geschichte

Die alten Ägypter nutzten den Bockshornklee als Gewürz, Heilmittel und zum Einbalsamieren von Toten. Auch bei Tut Ench Amun wurden als Grabbeigabe Samen gefunden. In der griechischen Antike nannte man die Pflanze „Philosophenklee", da die Herren dieses Berufsstandes den Samen zu kauen pflegten. Karl der Große ließ Bockshornklee in seinen Gärten anbauen. Im vorderen Orient wurde Bockshornklee auch als Nahrungsmittel verzehrt, besonders Frauen sollen das Kraut seines hohen Nährstoffgehaltes wegen ihrer Nahrung zugesetzt haben, um eine als schön empfundene Leibesfülle (an den wichtigsten Stellen!) zu erhalten.

Anbau im Garten

Der Bockshornklee ist eine einjährige, stark riechende Pflanze aus der Familie der Schmetterlingsblütler. Sie ist mit einer kräftigen Pfahlwurzel fest im Boden verankert und treibt mit einem bis 60 cm hohen Blütenspross an die Oberfläche. Die Blätter sind kleeförmig, die gelben Blüten stehen einzeln oder zu zweit in den Blattachseln. Die bis 10 cm langen, säbelförmigen Früchte enthalten 5 bis 20 gelbbraune Samen. Die Blütezeit ist Juni/Juli.

Im Garten gedeiht die Pflanze in jedem Boden an einem sonnigen bis halbschattigen Platz. Die Vermehrung erfolgt durch Aussaat der reifen Samen im Frühjahr.

Ernte und Aufbereitung

Man erntet im Sommer das frische Kraut und die Samen. Anwendung zu Heilzwecken (innerlich und äußerlich) finden hauptsächlich die getrockneten Samen.

Inhaltsstoffe und Wirkung

Der Bockshornklee enthält Schleimstoffe, Fette, Saponin, Flavonglykosid, Bitterstoff, Eisen, Phosphor, ätherisches Öl. Sie wirken magenstärkend, verdauungsfördernd, desinfizierend.

Bohne

Dicke Bohne

(Vicia faba)

„Die Bohne ist warm, und für gesunde und starke Menschen ist sie gut zu essen... Das Bohnenmehl ist gut und nützlich für den kranken und gesunden Menschen, weil es leicht und mühelos verdaut werden kann. Und wer Schmerzen in den Eingeweiden hat, der koche die Bohne in Wasser unter Beigabe von etwas Fett oder Öl und nach Entfernung der Bohne schlürfe er die warme Brühe. Dies tue er oft und es heilt innerlich. Und wer in seinem Fleisch einen wallenden Schmerz hat und Krätze und Geschwüre, welcher Natur sie auch seien, der nehme Bohnenmehl und er füge etwas Pulver von Fenchelsamen hinzu und mische das mit allerfeinstem Weizenmehl in Wasser, damit es zusammenkleben kann, und so bereite er Kucheln (Törtchen) am Feuer oder in der Sonne. Und er lege sie oft auf und wird den Schmerz jenes herausziehen und er wird geheilt werden."

Volksglauben

Dicke Bohnen gehören zu den ältesten Kultur- und Nahrungspflanzen Europas. Archäologische Spuren führen bis in die Steinzeit zurück. In der Antike galt ihre schwarz gefleckte Blüte als Todessymbol. Deshalb durften die ägyptischen Priester keine Bohnen essen. Im Rom der Kaiserzeit waren sie nicht nur ein beliebtes Essen der armen Bevölkerung. Im Mittelalter war die Dicke Bohne eines der wichtigsten Nahrungsmittel, da sie neben anderen Hülsenfrüchten (Linse, Erbse) die Versorgung der Menschen mit Proteinen sicherstellte. Wer eine Handvoll Bohnenkerne hinter sich warf, wollte so böse Hausgeister vertreiben.

Anbau im Garten

Die Dicke Bohne ist eine Hülsenfrucht aus der Familie der Schmetterlingsblütler. Die einjährige, aufrechte, 50 bis 100 cm hohe Pflanze hat blaugrüne, fleischige Blätter, die weißen Schmetterlingsblüten tragen einen schwarzen Fleck auf dem Flügel. Die Blütezeit ist Juni/Juli. Die bis 2,5 cm langen und bis 8 mm breiten Samen reifen in 12 cm langen Hülsen heran.

Die Dicke Bohne ist sehr anspruchslos, sie gedeiht fast überall, bevorzugt aber Böden mit guter Humusqualität. Bereits ab Ende Februar, sobald der Boden auch nur einigermaßen zu bearbeiten ist, können die ersten Bohnen gelegt werden. In kühlen Gegenden wird es aber doch besser sein, bis März mit der Aussaat im Freiland zu warten oder die Pflanzen in Töpfen vorzuziehen und ab März an Ort und Stelle zu pflanzen.

Ernte und Aufbereitung

Ende Mai kann man die dickschaligen Hülsen ernten, die 2 bis 5 Bohnen enthalten. Diese können frisch (als Gemüse) und getrocknet verwendet werden.

Inhaltsstoffe und Wirkung

Die Dicke Bohne enthält Kohlenhydrate, hochwertiges Eiweiß, Kalzium, Kalium, Phosphor, Eisen, Pro Vitamin A, Vitamin B1, B2, B6, Vitamin C, Protein. Sie wirken harntreibend, juckreizstillend, desinfizierend.

Bohnenkraut

Sommer- und Bergbohnenkraut

(Satureja hortensis, S. montana)

„Das Bohnenkraut ist mehr warm als kalt. Aber ein Mensch der von Gicht geplagt wird, sodass seine Glieder ständig bewegt werden, der pulverisiere Bohnenkraut, und diesem Pulver gebe er weniger Kümmelpulver bei als Salbeipulver, und so mische er diese Pulver gleichzeitig in Honigwürze, und er trinke das oft nach dem Essen, und es wird ihm besser gehen."

Geschichte

Die ursprüngliche Heimat des Bohnenkrauts ist das östliche Mittelmeergebiet und die Gegend um das Schwarze Meer. Bereits die alten Römer verwendeten das würzige Kraut in ihrer Küche. Erst im 9. Jahrhundert kam das Bohnenkraut zu uns. Benediktinermönche kultivierten es in ihren Kräutergärten, daher auch der lateinische Name *hortensis* – im Garten gezogen. Im Heilkräutergarten des St. Gallener Klosterplans ist es als „sata regia" verzeichnet. Im Mittelalter wurde jedem Käufer von grünen Bohnen ungefragt zusätzlich Bohnenkraut mitgegeben, daher stammt wohl auch der Name. In einem alten Kräuterbuch (1563) heißt es, dass das Bohnenkraut „den Appetit reizt, einen grollenden Bauch besänftigt", aber auch „die unkeusche Begierde auf die Bahn bringt".

Anbau im Garten

Das einjährige Sommerbohnenkraut ist eine 30 bis 40 cm hohe Staude aus der Familie der Lippenblütler. Aus dem holzigen Wurzelstock wachsen reich verzweigte, im unteren Teil verholzte Stängel. Die Blätter sind schmallanzettlich und flaumig behaart. Auf der Blattfläche sitzen Drüsen, die ein intensiv duftendes ätherisches Öl produzieren. In den Blattachseln sitzen kleine, rosafarbene bis blassviolette Blüten. Das mehrjährige, 20 bis 30 cm hohe Bergbohnenkraut hat ein dichteres Blattwerk mit mehr Öldrüsen und blüht weiß, rosa oder violett. Die Blütezeit ist von Juli bis Oktober.

Im Garten gedeiht das Bohnenkraut am besten an einem vollsonnigen, windgeschützten Platz mit eher trockenem, nährstoffreichem Boden. Ab Mitte April ist die Aussaat direkt ins Freiland an Ort und Stelle möglich. Die Samen dürfen jedoch nur leicht mit Erde bedeckt werden (Lichtkeimer).

Ernte und Aufbereitung

Von Frühjahr bis Herbst können frische Blätter und junge Triebe geerntet werden, der beste Erntezeitpunkt ist kurz vor der Blüte. Die gesammelten Kräuter werden gebündelt und an einem schattigen, luftigen Ort getrocknet. Nach dem Trocknen werden die Blätter abgerebelt und luftdicht aufbewahrt.

Inhaltsstoffe und Wirkung

Das Bohnenkraut enthält ätherische Öle, Gerb- und Bitterstoffe, Sitosterin, Urolsäure. Sie wirken verdauungsfördernd, appetitanregend, krampflösend.

Brennnessel

Große und Kleine Brennnessel

(Urtica dioica, U. urens)

„Die Brennnessel ist in ihrer Art sehr warm. In keiner Weise nützt es, dass sie roh gegessen wird, wegen ihrer Rauheit. Aber wenn sie frisch aus der Erde sprießt, ist sie gekocht nützlich für die Speisen des Menschen, weil sie den Magen reinigt und den Schleim aus ihm wegnimmt. Und dies macht jede Art der Brennnessel… Wird der Mensch aber gegen seinen Willen vergesslich, so nehme er Brennnessel und zerstoße sie, bis sie Saft gibt. Diesen vermische er mit einer kleinen Menge Baumöl und bevor er einschläft, bestreiche er damit zuerst die Brust und dann beide Schläfen. Das mache er oft und seine Vergesslichkeit nimmt ab.“

Volksglauben

In der Brennnessel vermutet man den Sitz eines dämonischen Wesens. „Das Kraut kenne ich“, sagte der Teufel und setzte sich in die Brennnessel. Einem alten Zigeunerglauben nach sollen sich an den Stellen, an denen die Pflanze wächst, die Eingänge zu den Wohnungen der Erdgeister befinden. Wünschelrutengänger behaupten, dass die Brennnessel nur dort zu finden sei, wo das „magische Reis“ ausschlage. Solche Orte sollen auch als Anziehungspunkte für Blitze gelten. Die Bergbauern legten beim Herannahen eines Gewitters Brennnesseln ins Herdfeuer, um das Haus vor Blitzeinschlag zu schützen.

Anbau im Garten

Nesselgewächse kommen in über 30 Arten vor. Charakteristisch sind die Brennhaare an Blättern und Stängeln. Sie wirken – wenn sie zerbrechen – wie eine Kanüle, durch die die brennende Zellflüssigkeit auf die Haut gelangt und zu Reizungen führt. Die langen, grünen Blütenrispen haben gelbgrüne Staubbeutel. Die wichtigsten bei uns vorkommenden Arten sind die mehrjährige, bis 150 cm hohe Große und die einjährige bis 60 cm hohe Kleine Brennnessel. Die Blütezeit ist von Juli bis September.

Beide Arten sind starkwüchsig und finden sich bevorzugt in der Nähe menschlicher Behausungen, die Kleine Brennnessel vor allem in Gärten, an sonnig bis schattigen Plätzen auf stickstoffreichem Boden. Die Vermehrung erfolgt durch Wurzelstock und Samen.

Ernte und Aufbereitung

Von Juni bis September werden die frischen Blätter gesammelt, die man vorsichtig (mit Handschuhen!) von den Stängeln streift, um sie dann (für die Zubereitung von Tee) an der Luft zu trocknen. Das ganze Kraut wird zur Bereitung eines Brennnesselsaftes verwendet.

Inhaltsstoffe und Wirkung

Die Brennnessel enthält Acetycholin, Histamin, Ameisensäure, Nesselgift. Sie wirken harntreibend, antirheumatisch, verdauungsfördernd, reinigend.

Brombeere

Kroatzbeere

(Rubus fruticosus)

„Der Brombeerstrauch, an dem die Brombeeren wachsen, ist mehr warm als kalt... Aber auch wenn jemand an der Lunge leidet und in der Brust hustet, dann nehme er Bertram und weniger von den Brombeeren als von Bertram, so auch von Ysop weniger als von diesen Brombeeren, und von Dost weniger als von diesen, und er füge Honig bei, und er koche das stark in gutem Wein, und dann siebe er es durch ein Tuch, und so, nachdem er das mäßig gegessen hat, trinke er, und nach einer vollen Mahlzeit trinke er genug davon, und das tue er oft, und die Lunge wird die Gesundheit wiedererlangen und der Schleim wird von der Brust weggenommen... Wer an Blutfluss leidet, nehme Brombeerkraut und zweimal soviel Blutwurz, zerstoße es ein wenig, bis der Saft herauskommt, lege sie so in Wein und trinke ihn während des Essens und nach dem Essen, aber nicht auf nüchternen Magen."

Volksglauben

Die Griechen der Antike kannten ein Heilmittel auf Brombeerbasis gegen Gicht, und die Römer nutzten die Brombeere bei Entzündungen im Mund und Darm. Im Mittelalter wurde Brombeerzweigen, die sich mit zunehmender Länge bogen, magische Kräfte zugesprochen. In England schickte man früher an Brüchen leidende Kinder in der Hoffnung auf Heilung unter gebogenen Brombeerzweigen hindurch. Brombeer-Schösslinge, über der Stalltür aufgehängt, sollten das Vieh schützen. Wenn man die Bettfedern durch einen Brombeerkranz einfüllte, sollten Hexen Eheleuten nichts mehr anhaben können.

Anbau im Garten

Der Brombeerstrauch ist eine 50 bis 200 cm hohe ausdauernde Kletterpflanze aus der Familie der Rosengewächse. Die Stängel sind je nach Sorte mehr oder weniger stachelig und verholzen mit der Zeit. Die Stacheln dienen der Pflanze als Kletterhilfe und Fraßschutz. An den Trieben sitzen wechselständig unpaarig drei-, fünf- und siebenzählige, gefiederte Blätter. Erst im zweiten Jahr bildet die Pflanze von den einzelnen Trieben abgehend spezielle Seitentriebe, an deren Ende sich die zartrosa Blüten ausbilden. Die Blütezeit ist von Mai bis Oktober. Die blauschwarzen Früchte sind saftig und wohlschmeckend.
Im Garten bevorzugt der Strauch einen sonnigen Platz mit nährstoffreichem, lehmigem, gut feuchtem Boden. Jungpflanzen sollte man besser im Frühjahr vor dem Austrieb pflanzen, im Herbst kommt es häufig zu Ausfällen wegen Frostschäden.

Ernte und Aufbereitung

Geerntet werden im späten Frühjahr die noch jungen, aber voll entfalteten Blätter. Sie werden gleich nach der Ernte (möglichst bei künstlicher Wärme, aber nicht über 40 °C) getrocknet.

Inhaltsstoffe und Wirkstoffe

Die Brombeerblätter enthalten Gerbstoffe, Flavonoide, Anthocyanidine, ätherisches Öl. Sie wirken krampflösend, entzündungshemmend und schleimlösend

Brunnenkresse

Wasserkresse

(Nasturtium officinale)

„Die Brunnenkresse ist von warmer Natur, und gegessen nützt sie dem Menschen nicht viel und schadet ihm auch nicht viel. Aber wer Gelbsucht hat oder Fieber, der dünste Brunnenkresse in einer Schüssel und esse sie oft so warm, und sie wird ihn heilen. Und wer die gegessene Speise kaum verdauen kann, der dünste ebenfalls Brunnenkresse in einer Schüssel, weil ihre Kräfte aus dem Wasser stammen, und so esse er sie, und sie wird ihn heilen."

Geschichte

Die Brunnenkresse war vermutlich schon in vorgeschichtlicher Zeit in Gebrauch. Funde von Stängeln und Blättern bei Hallstatt deuten darauf hin. Aus antiker Zeit sind Abbildungen bei Theophrast und Plinius überliefert. Der botanische Name soll auf „nasus tortus" (lat. soviel wie „gerümpfte Nase") zurückgehen und sich auf den scharfen Kressegeschmack beziehen. Die Römer schrieben der Pflanze eine den Verstand schärfende Wirkung zu. Im Mittelalter war die Brunnenkresse auch Bestandteil von Hexensalben; welche Wirkung ihr in diesem Zusammenhang zugeschrieben wurde, ist nicht bekannt. Den Höhepunkt ihrer Verbreitung hatte die Brunnenkresse wohl im 14. Jahrhundert in Frankreich, wo sie in großen Kulturen angebaut wurde.

Anbau im Garten

Die Brunnenkresse ist eine mehrjährige, wintergrüne 50 cm hohe und bis 90 cm lange, kriechende Wasserpflanze aus der Familie der Kreuzblütler. Die reich bewurzelte Grundachse bringt verzweigte, anfangs kriechende, später aufsteigende Stängel hervor. Die Blätter sind gestielt, dick, rundlich oder herzförmig. Die kleinen weißen, traubigen Blüten haben gelbe Staubbeutel. Die Blütezeit ist von Mai bis September.

In einem Garten ohne Teich lässt sich die Brunnenkresse auch von Ende Mai bis Anfang Juli in wasserdichten Schalen aussäen, deren Erde stets gut feucht gehalten werden muss.

Ernte und Aufbereitung

In der Vegetationszeit werden entweder die ganze Pflanze ohne Wurzel oder nur die jungen Blätter geerntet. Die Blätter können getrocknet oder tiefgefroren verwendet werden.

Inhaltsstoffe und Wirkung

Die Brunnenkresse enthält Vitamin A, C, und D, Gerb- und Bitterstoffe, Senfölglykosid, Glukonasturtiin, Kalium, Eisen. Sie wirken antibakteriell, durchblutungs- und verdauungsfördernd.

Buchsbaum

Grabkraut

(Buxus sempervirens)

„Der Buchs ist warm und so stark, dass er sogar das Grün das ganze Jahr behält… Und er ist auch trocken und die Trockenheit übertrifft die Feuchtigkeit in ihm. Und ein Mensch, der Ausschläge oder die Räude an seinem Körper hat, zerstoße die Rinde und seine Blätter und drücke ihren Saft aus und füge dem etwas weniger Süßholz bei und erwärme es in reinem Wein. Und so warm soll er es oft trinken und es vertreibt den Schmerz und das Gift des Ausschlags aus dem Körper, sodass es nicht in den Leib eindringt. Und er mischt sogleich dem vorgenannten Saft dieses Baumes etwas Baumöl bei, tauche eine Feder ein und salbe sich damit sanft um den Ausschlag und seine Kruste. Und dies tue er oft und er wird geheilt werden."

Volksglauben

Der Buchsbaum ist eine sehr alte Kulturpflanze. In der Volksmedizin wurde er als Heilmittel beschrieben. Alte Kräuterväter verordneten ihn gegen Schlangenbisse und Kahlköpfigkeit. Obstbäume sollten in seiner Nähe besser tragen. In den Palmbuschen, die am Palmsonntag in der Kirche geweiht wurden, durfte der Buchs nicht fehlen. Nach der Weihe wurden die Buchszweige zu kleinen Kreuzen zusammengesteckt und sollten Haus, Stall und Felder vor Unglück bewahren und für eine reiche Ernte sorgen. Der Buchs galt auch als Sinnbild des Lebens, der treuen Liebe und Hoffnung. Deshalb trug man bei Taufen, Hochzeiten und Beerdigungen ein Sträußlein davon.

Anbau im Garten

Der Buchsbaum ist ein immergrüner, dicht buschiger, langsamwüchsiger Strauch aus der Familie der Buchsbaumgewächse, der selten höher als 100 cm wird. Die Blätter sind kurz gestielt, ledrig, oberseits dunkelgrün glänzend. Die unscheinbaren, gelblichen Blüten stehen knäuelförmig vereinigt in den Blattachseln. Die Blütezeit ist März/April.

Im Garten braucht der anspruchslose Buchs einen sonnigen bis halbschattigen Standort, er verträgt auch karge Böden. Im Frühjahr sollte er mit Humus versorgt und bei Trockenheit gegossen werden. Die Vermehrung erfolgt durch Stecklinge, die fast das ganze Jahr geschnitten werden können.

Ernte und Aufbereitung

In der Volksmedizin wurden Blätter, Rinde, Wurzeln und Knospen gegen Venenleiden und Haarausfall, als Fieber-, Abführ- und Rheumamittel eingesetzt. Da der Buchsbaum giftig und die Dosierung problematisch ist, wird er heute nur noch sehr selten als Heilkraut (Tee) angewendet.

Inhaltsstoffe und Wirkung

Die Buchsbaumblätter enthalten Alkaloide, Gerbstoffe und ätherisches Öl. Sie wirken fiebersenkend, abführend, antirheumatisch.

Dill

Gurkenkraut

(Anetheum graveolens)

„Der Dill ist von trockener und warmer und gemäßigter Natur. Und auf welche Art immer er gegessen wird, macht er den Menschen traurig... Wem viel Blut aus der Nase fließt, soll Dill und die zweifache Menge Schafgarbe nehmen und diese Kräuter frisch auf der Stirn, den Schläfen und seiner Brust auflegen... Diese Kräuter müssen frisch sein, weil ihre Wirkung in frischem Zustand besonders stark ist. Sie sollten deshalb auf der Stirn, den Schläfen und auf der Brust aufgelegt werden, weil sich dort die Kraft der Gefäße befindet, die das Blut führen. Im Winter muss man die Kräuter pulverisieren und das Pulver, mit ein wenig Wein besprengt, in ein Säckchen tun und auf der Stirn, den Schläfen und der Brust, wie schon oben erwähnt, auflegen, weil die Wärme des Weins dem Pulver die Wirkung verleiht, das Blut zu hemmen."

Volksglauben

Dill wurde schon in den ägyptischen Königsgräbern gefunden. Im Talmud wird erwähnt, dass auf Dill der Zehnte abgeführt werden musste, und in Judäa galt er als Zahlungsmittel. Im Volksglauben stand der Dill als „Samen des Merkur" in dem Ruf, bösen Zauber zu verhindern und Dämonen abzuwehren. Neugeborene wurden mit Dill und Salz bestreut. Ein Sträußchen Dill über der Tür schützte vor Menschen, die Böses im Sinn hatten. Und wer als Braut sicherstellen wollte, dass die Frau nach der Hochzeit daheim das Sagen hatte, sollte sich etwas Dill und Senfkörner in die Brautschuhe legen und während der Trauung leise vor sich hin flüstern „Ich habe Senf und Dill, mein Mann muss tun, was ich will".

Anbau im Garten

Dill ist eine einjährige, 50 bis 120 cm hohe, aufrecht wachsende Pflanze aus der Familie der Doldenblütler. Aus einer spindelförmigen Wurzel erhebt sich ein hohler Stängel mit fein gefiederten Blättern und kleinen, gelben, in lockeren Dolden zusammengefassten Blüten. Die Blütezeit ist Juli/August.

Im Garten bevorzugt das Kraut einen sonnigen, warmen Platz mit lockerem, humusreichem Boden. Die Aussaat erfolgt im April direkt ins Freiland in 1 cm tiefe Rillen im Reihenabstand von 20 cm; Folgesaaten sind bis Juni möglich. Zu dichte Reihen auslichten, bei Trockenheit gut gießen.

Ernte und Aufbereitung

Junge Blätter können den ganzen Sommer über, Samen, sobald sie bräunlich geworden sind, geerntet werden. Die Blütenstände können zum Einlegen von Gurken verwendet werden.

Inhaltsstoffe und Wirkung

Dill enthält Cumarinderivate, Proteine, Bitterstoffe, Mineralstoffe, ätherisches Öl. Sie wirken verdauungsfördernd, harntreibend, krampflösend.

Diptam

Brennkraut

(Dictamnus albus)

„Der Diptam ist warm und trocken und er hat die Kräfte des Feuers und die Kräfte der Steine in sich, weil er wie der Stein hart ist in seinen Kräften. Und wie der im Feuer Wärme hat, der aus ihm hervorgeht, so ist der Diptam kräftig gegen Krankheiten, über die er das Übergewicht hat. Denn der Stein wächst von fetter Natur im Mensch. Wenn er so zu wachsen beginnt, pulverisiere jener Diptam und esse dieses Pulver oft mit Weizenbrot, und er hindert den Stein am Wachsen. Und der Mensch, in dem der Stein wuchs, der lege das Diptampulver in Essig, der mit Honig vermischt ist, und er trinke dies oft nüchtern, und der Stein in ihm wird zerbrochen. Aber auch wer im Herzen Schmerzen hat, esse das aus Diptam gemachte Pulver, und der Herzschmerz wird weichen."

Volksglauben

Im Mittelalter konnte man lesen: „Diptaminus heißt Pfefferkraut und ist eine sehr gemeine Pflanze. Ihr Kraut wirkt gegen den Schlangenbiss, den Biss giftiger Tiere und gegen durch irgendein Getränk hervorgerufene innere Vergiftung. Er wird entweder zerquetscht auf die Wunde gelegt oder sein Saft, mit Wein und hinlänglich Minzensaft versetzt, getrunken." Aufgrund eines seltenen Phänomens (siehe „Anbau im Garten") wird angenommen, dass Diptam der „Brennende Dornbusch" in der Bibel sei, aus dem heraus Gott zu Moses gesprochen hatte. Allerdings trägt der Diptam keine Dornen oder Stacheln.

Anbau im Garten

Der Diptam ist eine ausdauernde Pflanze aus der Familie der Rautengewächse. Die Staude hat einen stark verästelten Wurzelstock, wächst 60 bis 150 cm hoch und trägt unpaarig gefiederte Blätter, auf denen zahlreiche Öldrüsen sitzen. Die asymmetrischen, rosafarbenen oder weißen, dunkel geaderten Blüten stehen in lockeren Trauben und duften intensiv nach Zitrone. Die Blüten und Blätter enthalten soviel ätherisches Öl, dass man sie in lauen und schwülen Sommernächten anzünden kann, ohne dass sie dabei Schaden nehmen. Die Blütezeit ist Mai/Juni. **Wichtig:** Die Wildpflanze steht unter Naturschutz!

Im Garten braucht Diptam einen sonnigen, trockenen Platz mit kalkreichem Boden. Die Vermehrung erfolgt durch Aussaat möglichst gleich nach der Samenreife oder durch Teilung. **Wichtig:** In der Sonne können die ätherischen Öle der Pflanze zu allergischen Hautreaktionen führen. Deshalb empfiehlt es sich, beim Umgang mit der Pflanze Handschuhe zu tragen.

Ernte und Aufbereitung

Man erntet kurz vor der Blüte nur die oberen Triebteile und hängt sie gebündelt im Schatten zum Trocknen auf. Die Wurzeln werden im Frühjahr oder im Herbst ausgegraben und ebenfalls im Schatten getrocknet.

Inhaltsstoffe und Wirkung

Diptam enthält Alkaloide, Saponine, Bitterstoffe, ätherische Öle, Flavonglykoside und Anthocyane. Sie wirken harntreibend, krampflösend.

Eibisch

Weiße Malve

(Althaea officinalis)

„Der Eibisch ist warm und trocken und er ist gut gegen Fieber. Denn ein Mensch der Fieber hat, welche immer es sind, der zerstoße Eibisch in Essig, und er trinke das so morgens nüchtern und abends, und das Fieber, welcher Natur es auch sei, wird weichen. Aber auch wer Kopfweh hat, nehme Eibisch und füge etwas weniger Salbei bei, und die zerstoße er gleichzeitig, und dem mische er etwas Baumöl hinzu, und dann wärme er es nur neben dem Feuer in seiner Hand, und so lege er es nun auf seine Stirn und binde ein Tuch darum, und so schlafe er ein, und es wird ihm besser gehen."

Geschichte

Der botanische Name *„althaea"* kommt wahrscheinlich vom griechischen „althaino" (ich heile). Schon Hippokrates kannte den Eibisch und lobte seine wundheilende Kraft. In diesem Sinn wurde der Eibisch in antiker Zeit auch von den Ärzten Plinius und Dioskurides sowie dem Naturforscher Theophrast beschrieben. Karl der Große befahl den Eibisch wegen seiner heilenden Kräfte auf den kaiserlichen Ländereien anzubauen. In der Renaissancezeit wurde die Pflanze als Allheilmittel benutzt. Sie sollte gegen Husten, Magenbeschwerden, Zahnweh, Geschlechtskrankheiten und vieles andere helfen. Hatte man Eibisch, so war gar keine andere Medizin mehr nötig. Im Volksglauben wurde der Eibisch zur Reinigung (von allem Übel) von Haus und Hof verbrannt.

Anbau im Garten

Der Eibisch ist eine ausdauernde Staude aus der Familie der Malvengewächse. Er wird 60 bis 150 cm hoch und hat graugrüne, samtartig behaarte, am Rand unregelmäßig gezähnte Blätter. In den Blattachseln entwickeln sich büschelig angeordnete, weiße, rötliche oder rotviolette Blüten. Die Blütezeit ist von Juli bis September. Wildbestände sind bei uns überaus selten.

Im Garten braucht der Eibisch einen sonnigen Platz mit feuchtem, tiefgründigem Boden. Neue Pflanzen gewinnt man durch Aussaat nach der Samenreife oder durch Wurzelschnittlinge. Bei Trockenheit reichlich gießen.

Ernte und Aufbereitung

Die Wurzel wird im zeitigen Frühjahr oder im Herbst geerntet und an der Luft oder bei künstlicher Wärme getrocknet. Blätter und Blüten werden jung gepflückt und ebenfalls rasch im Schatten getrocknet. **Wichtig:** Das Trocknen der Wurzel muss rasch erfolgen, da sich sonst Pilze ansiedeln, die eine Zersetzung einleiten.

Inhaltsstoffe und Wirkung

Der Eibisch enthält Schleimstoffe, Pektin, Zucker und ätherisches Öl. Sie wirken reizlindernd, schleimlösend, entzündungshemmend.

Eisenkraut

Stahlkraut

(Verbena officinalis)

„Das Eisenkraut ist mehr kalt als warm, und wenn entweder infolge von Geschwüren oder von Würmern fauliges Fleisch im Menschen ist, dann koche er Eisenkraut in Wasser, und dann lege er ein leinenes Tuch auf die fauligen Wunden oder auf die fauligen Stellen mit den Würmern und lege das Eisenkraut, nach mäßigem Ausdrücken des Wassers, mäßig warm auf jenes leinene Tuch... Und nachdem es ausgetrocknet ist, lege er auf gleiche Weise wiederum anderes gekochtes Eisenkraut darauf, und tue dies solange, bis jene Fäulnis weggenommen wird. Aber wenn jemandem die Kehle aufschwillt, wärme er mäßig Eisenkraut in Wasser, und er lege es so mäßig warm auf seine Kehle und binde ein Tuch darüber und dies tue er, bis die Schwellung verschwindet."

Volksglauben

Im Mittelalter wurde Eisenkraut für Besegnungen gebraucht, Geistliche verwendeten es auch beim Exorzismus. Martin Luther verurteilte dies: „Leute die Eisenkraut an die Kinder binden, die sie zur Taufe bringen, schänden das heilige Sakrament." Eisenkraut sollte auch große Liebeskraft verleihen und „ein gut Kräutlein für unfriedsame Eheleute" sein. Als Amulett um den Hals getragen, machte es den Träger allseits beliebt. Gab man der Wöchnerin Eisenkraut ins Bett, so nahm weder sie noch das Kind Schaden. Pferde liefen schneller, wenn man das Kraut an ihrem Schweif befestigte.

Anbau im Garten

Das Eisenkraut ist eine ausdauernde, 30 bis 80 cm hohe Pflanze aus der Familie der Eisenkrautgewächse. Sie hat einen steifen, rauen, vierkantigen Stängel mit lanzettlichen, grob gekerbten bis fiederspaltigen Blättern. Die kleinen, rötlichen oder blasslila Blüten sind in Ähren angeordnet. Die Blütezeit ist von Juli bis September. **Wichtig:** Wegen seiner Seltenheit steht Eisenkraut unter Naturschutz.

Im Garten gedeiht die Pflanze an einem sonnigen Standort mit durchlässigem, eher trockenem Boden. Die Vermehrung erfolgt durch Samen im Frühwinter, meist im November. Die Kaltkeimer keimen erst nach einer Frostperiode im nächsten Frühjahr.

Ernte und Aufbereitung

Geerntet wird das ganze Kraut zur Blütezeit. Man verwendet es frisch oder hängt es gebündelt an der Luft zum Trocknen auf.

Inhaltsstoffe und Wirkung

Das Eisenkraut enthält Verbenalin, Gerb- und Bitterstoffe, lösliche Kieselsäure, Alkaloide und ätherisches Öl. Sie wirken entzündungshemmend, adstringierend, entwässernd, schmerzstillend, kreislaufanregend.

Farn

Wurmfarn

(Dryopteris-filix-mas)

„Der Farn ist sehr warm und trocken, und er hat etwas Saft in sich… Denn wer an Gicht leidet, der nehme Farn, wenn er grün ist, und koche ihn in Wasser, und in diesem Wasser bade er oft, die Gicht wird weichen. Und auch im Sommer, wenn er grün ist, lege seine Blätter oft auf deine Augen und schlafe und er reinigt deine Augen und nimmt den Nebel von ihnen weg… Und wie der Mensch gute und schlechte Erfahrungen hat, so sind den Menschen gute und schlechte Kräuter geschaffen worden. Aber der Farnsaft ist zur Weisheit gesetzt, und in der Würde der Natur dient er zur Bezeichnung des Guten und der Heiligkeit. Und daher flieht und meidet ihn alles Üble und Magische. Denn in welchem Hause auch der Farn ist, dort können Gifte und Phantastereien nicht zur Vollendung gelangen."

Volksglauben

Es wurde erzählt, dass der Farn nur in der Johannisnacht blühe und in dieser Nacht den so begehrten und seltenen Samen abwerfe. Wer diesen besaß, hatte Glück in allen Unternehmungen und sollte sich angeblich auch unsichtbar machen können. Um diesen Samen zu bekommen, musste man auf einer Kreuzung die Nacht abwarten und sieben Kreuze von grünen Holunderzweigen um den Farn in die Erde stecken. Dann sollte man sich entkleiden und die Kleider unter den Farnblättern ausbreiten. Um Mitternacht ließ dann das Farnkraut seine Samen darauf fallen. Nun brauchte der Besitzer weder Tod noch Teufel zu fürchten. Farn galt auch als Irrkraut, wer zu nächtlicher Stunde achtlos darüberschritt, verlor unversehens Weg und Steg, und der Teufel trieb mit ihm allzu gerne sein Spiel.

Anbau im Garten

Der Farn ist eine ausdauernde, 40 bis 120 cm hohe Staude aus der Familie der Wurmfarngewächse. Aus dem kurzen unterirdischen Erdspross schieben sich die bis zu 150 cm langen, doppelt gefiederten, dunkelgrünen, trichterförmig zusammenstehenden Blattwedel. Im Garten gedeiht der Farn an einem halbschattigen bis schattigen Platz auf mäßig feuchtem, nährstoff- und humusreichem Boden. Ältere Pflanzen lassen sich gut im Frühjahr oder Herbst teilen, auch eine Vermehrung aus Sporen ist möglich.

Ernte und Aufbereitung

Die frischen Blattwedel werden im Frühjahr geerntet, die Wurzeln im Herbst ausgegraben und unzerkleinert schonend getrocknet. **Wichtig:** Da der Farn leicht giftig ist, sollte man jedoch von Selbstversuchen mit selbst zubereiteten Mitteln Abstand nehmen. Äußerlich angewendet ist der Farn ungiftig.

Inhaltsstoffe und Wirkung

Der Farn enthält Gerb- und Bitterstoffe, ätherisches Öl und wurmwirksame Substanzen. Sie wirken rheuma- und gichtmildernd, augenreinigend.

Fenchel

Brotsamen

(Foeniculum vulgare)

„Der Fenchel hat angenehme Wärme und ist weder von trockener noch von kalter Natur. Wenn man ihn roh isst, schadet er dem Menschen nicht. Und wie auch immer er gegessen wird, macht er den Menschen fröhlich und vermittelt ihm angenehme Wärme und guten Schweiß, und er verursacht gute Verdauung... Auch sein Same ist von warmer Natur und nützlich für die Gesundheit des Menschen... Denn wer Fenchel oder seinen Samen täglich nüchtern isst, der vermindert den üblen Schleim oder die Fäulnis in ihm und er unterdrückt den üblen Geruch seines Atems, und er bringt seine Augen zum klaren Sehen... Sogar ein Mensch, den die Melancholie plagt, der zerstoße Fenchel zu Saft, und er salbe oft die Stirn, Schläfen Brust und Magen, und die Melancholie in ihm wird weichen. Aber wenn jemand gebratenes Fleisch oder gebratenen Fisch oder etwas anderes Gebratenes gegessen hat, und davon Schmerzen leidet, dann esse er alsdann Fenchel oder seinen Samen, und es wird weniger schmerzen."

Volksglauben

Der Fenchel war bereits den Ägyptern, Griechen und Römern als Heilpflanze bekannt. Der römische Naturwissenschaftler Plinius meint: „Die Schlange bekommt im Winter eine neue Haut und streift die alte mit Hilfe des Fenchels ab. Den Menschen dient der Fenchel als Gewürz, auch wird er zur Stärkung schwacher Augen gebraucht, worauf man durch die Beobachtung gekommen ist, dass ihn die Schlangen zu diesem Zweck verwenden." Dem Volksglauben nach ließ am Johannistag in die Schlüssellöcher gesteckter Fenchel keine bösen Geister ins Haus. Frauen bekamen nach der Entbindung Fenchel geschenkt, um die Fliegen abzuhalten und die Milchproduktion anzuregen.

Anbau im Garten

Der Fenchel ist eine ein- bis zweijährige Pflanze aus der Familie der Doldengewäche. Sie wird bis 200 cm hoch, hat mehrfach fiederschnittige Blätter und große Blütendolden mit vielen gelben Einzelblüten, die gerippte Samen bilden. Die Blütezeit ist von Juli bis September. **Wichtig:** Wegen der Verwechslungsgefahr mit giftigen Doldenblütlern Samen und Kraut nicht aus der Natur sammeln.

Im Garten benötigt der Fenchel einen sonnigen Platz mit humosem, kalkhaltigem und durchlässigem Boden. Ausgesät wird von April bis Ende Mai in ein Anzuchtbeet im Freiland. Erst im nächsten Frühjahr werden die Jungpflanzen mit genügend Abstand an den richtigen Standort gesetzt. Sie vermehren sich nach einiger Zeit durch Selbstaussaat.

Ernte und Aufbereitung

Geerntet werden das junge Kraut und die reifen Samen, die man aus den Pflanzen schüttelt. Das Kraut wird frisch oder getrocknet verwendet, die Samen getrocknet.

Inhaltsstoffe und Wirkung

Fenchel enthält ätherisches Öl (Trans-Anethol, Fenchon), fettes Öl, Eiweiß, Zucker. Sie wirken antiseptisch, krampflösend, blähungstreibend, verdauungsfördernd, gefäßerweiternd.

Gundelrebe

Gundermann

(Glechoma hederacea)

„Die Gundelrebe ist warm und trocken, und sie hat gewisse Kräfte von Gewürzen, weil ihre Grünkraft angenehm und nützlich ist, sodass ein Mensch, der lange kraftlos ist und dem das Fleisch schwindet, in einem mit Gundelrebe erwärmten Wasser baden und die Gundelrebe in Mus oder Suppen kochen soll, und er esse sie entweder mit Fleisch oder mit Pfannkuchen und sie wird ihm helfen, weil ihr guter Saft den Menschen innerlich heilt. Und wenn jemand mit ihr eine Lauge macht und seinen Kopf häufig mit ihr wäscht, dann vertreibt er viele Krankheiten von seinem Kopf, und er verhindert, dass der Kopf krank wird. Aber auch der, dem üble Säfte den Kopf wie ein Rauch plagen, sodass seine Ohren wie ein Geräusch von Wasser klingen, der bringe Gundelrebe in warmem Wasser zum Sieden, und nach Ausdrücken des Wassers lege er es so warm um seinen Kopf, und dieses Kraut mindert den Rauch, der in seinem Kopf ist, durch seine guten Kräfte, und es öffnet das Gehör in seinen Ohren."

Volksglauben

Nach dem ersten Austrieb im Frühjahr wurden die Kühe durch einen Kranz aus Gundelreben gemolken. So sollten sie mehr Milch geben und vor jedem bösen Zauber bewahrt bleiben. Wer in der Walpurgisnacht einen Gundelrebenkranz trug, erkannte alle Hexen. Das Kraut sollte auch gegen Zahnschmerzen helfen. Als Petrus einmal an diesen litt, sagte Jesus zu ihm: „Nimm drei Gundelreben und lasse sie in deinem Mund umschweben."

Anbau im Garten

Die Gundelrebe ist eine ausdauernde, 10 bis 20 cm hohe Staude aus der Familie der Lippenblütler mit meterlangen, oberirdisch kriechenden Ausläufern, aus denen aufrechte Triebe mit nierenförmigen, am Rand gekerbten Blättern und violetten Lippenblüten entspringen. Zerriebene Stängel und Blüten haben einen intensiven, unangenehmen Geruch. Die Blütezeit ist von April bis Juni, zweite Blüte im September.
Im Garten bevorzugt die Pflanze einen halbschattigen Platz mit mäßig feuchtem, humusreichem Lehmboden. Die Gundelrebe lässt sich problemlos durch Abtrennen der Ausläufer vermehren. Auch eine Aussaat im September ist möglich.

Ernte und Aufbereitung

Man erntet im Frühjahr das blühende Kraut und befreit es gründlich von Erdresten. Es wird frisch verwendet oder rasch an der Luft getrocknet.

Inhaltsstoffe und Wirkung

Die Gundelrebe enthält Bitter- und Gerbstoffe, Kalium, Vitamin C, Saponin, verschiedene organische Säuren, ätherisches Öl. Sie wirken desinfinzierend, appetitanregend, schleimlösend, stopfend.

Habichtskraut

Kleines Habichtskraut

(Hieracium pilosella)

„Das Habichtskraut ist kalt, und gegessen stärkt es das Herz und es mindert die üblen Säfte, die im Menschen an einer Stelle angesammelt sind. Aber der Mensch, der es isst, soll es nicht allein und einfach essen, weil es zu herb ist, und er füge ein wenig Diptam oder etwas Galgant oder etwas Zitwer bei, und er esse es, wie vorhin gesagt wurde."

Volksglauben

Im Mittelalter wurde das Habichtskraut zum Schutze vor Hexen und böser Magie aufgehängt. In der Volksmedizin setzte man es schon im Mittelalter bei Gürtelrose, Husten oder Geschwüren im Mundbereich sowie zur Behandlung von Wunden ein. Vor allem aber sollte es das Sehvermögens steigern. Der botanische Name leitet sich vom lateinischen Wort für Habicht („hierax") ab. Der Sage nach stärkt der Habicht seine Sehkraft mit dem Milchsaft des Habichtskrauts.

Anbau im Garten

Das Habichtskraut ist eine ausdauernde, 10 bis 20 cm hohe Staude aus der Familie der Korbblütler. Aus der Grundrosette behaarter, bläulich-grüner, lanzettlicher Blätter schieben sich blattlose, behaarte Stängel mit je nur einem gelben Blütenköpfchen mit unterseits rötlich gestreiften Randblüten. Die Blütezeit ist von Mai bis September.

Im Garten braucht die Pflanze einen sonnigen Platz mit kalkarmem, eher trockenem Boden. Die Anzucht erfolgt im Herbst oder Frühjahr aus Samen. Später vermehrt sich das Habichtskraut durch Selbstaussaat und durch wuchsfreudige Ausläufer.

Ernte und Aufbereitung

Geerntet wird das gesamte, blühende Kraut und dann im Schatten getrocknet. Danach wird es zerrieben und pulverisiert.

Inhaltsstoffe und Wirkung

Das Habichtskraut enthält Bitter- und Gerbstoffe, Flavonoide, Umbelliferon, Cumarin und Schleimstoffe. Sie wirken adstringierend, harntreibend, fettstoffwechselregulierend.

Holunder

Holderbaum

(Sambucus nigra)

„Der Holunder ist mehr warm als kalt und taugt wenig zum Gebrauch des Menschen, wie auch seine Frucht, es sei denn, dass sie nur dem Menschen dienlich ist. Jedoch wer Gelbsucht hat, gehe in ein Dampfbad und lege Blätter dieses Baumes auf erhitzte Steine und gieße Wasser darüber. Und dann lege er auch seine Sprossen in reinen Wein, damit dieser den Geschmack annimmt und so trinke er in diesem Bad mäßig. Und wenn er aus dem Bad herauskommt, lege er sich ins Bett, um zu schwitzen. Und dies tue er oft und er wird geheilt werden."

Volksglauben

Nördlich der Alpen galt der Holunder den Kelten und Germanen als heiliger Baum. In ihm wohnten die guten Hausgeister und bewahrten das Haus und seine Bewohner vor Schaden. Daher sollte man den Holunder auch weder beschneiden noch fällen, denn durch die Entfernung des Holunders beraubte man die guten Hausgeister ihrer Wohnstätte. Nur Witwen und Waisen waren angeblich in der Lage, ungestraft Holunderholz zu schneiden, denn sie waren sowieso schon vom Tod gezeichnet. Das deutsche Wort Holunder geht vermutlich auf das altdeutsche „holuntar", was „Baum der Holla" bedeutet. Der Name „Holla" ist auch aus dem Märchen „Frau Holle" bekannt. Diese wohnte der Sage nach in einem Holunderstrauch, und wenn dessen helle Blüten abfallen, sieht es aus, als falle Schnee herab.

Anbau im Garten

Der Holunder ist ein 3 bis 7 m hoher Strauch oder kleiner Baum aus der Familie der Geißblattgewächse. Charakteristisch sind die warzige Rinde, die markreichen Äste und Zweige mit gegenständig angeordneten, unpaarig gefiederten Blättern sowie die großen, flachen Blütenstände mit gelblichweißen, unangenehm riechenden Blüten, aus denen sich im Herbst glänzend schwarze bis schwarzviolette Beeren entwickeln. Die Blütezeit ist von Mai bis Juli.

Im Garten bevorzugt der Holunder einen sonnigen Standort und toleriert die meisten Bodenarten. Man sollte ihm einen Platz geben, an dem er sich ausbreiten kann. Der Holunder kann aus Samen angezogen werden. Die Samen sind Kaltkeimer, daher brauchen sie eine Kälteperiode, um zu keimen. Am besten sät man im frühen Herbst. Anstelle der Ansaat lässt sich Holunder auch durch Stecklinge vermehren.

Ernte und Aufbereitung

Die Blüten erntet man Mitte Mai bis Juli in ganzen Dolden und lässt sie an einem luftigen, schattigen Platz trocknen. Danach rebelt man sie von den Doldenstängeln ab und bewahrt sie trocken und lichtgeschützt auf. Die Blätter erntet man im jungen Zustand und trocknet sie an der Luft.

Inhaltsstoffe und Wirkung

Der Holunder enthält Glycoside, ätherisches Öl, Flavonoide, Cholin, Schleimstoffe, Gerbstoffe, Gerbsäure, Vitamin C und Mineralien. Sie wirken schweißtreibend, abwehrstärkend, harntreibend, blutreinigend.

Knoblauch

Knofel

(Allium sativum)

„Der Knoblauch hat die rechte Wärme und er wächst aus der Stärke des Taues und er hat Wachstum, das heißt von Beginn der Nacht bis es schon beinahe zu Tagen beginnt und wenn es schon Morgen ist. Für Gesunde und Kranke ist er heilsamer zu essen als der Lauch und er muss roh gegessen werden, denn wer ihn kochen würde, machte daraus sozusagen verdorbenen Wein… Er schadet auch nicht den Augen. Trotzdem wird aber wegen seiner Wärme das Blut um die Augen des Menschen sehr erregt, aber nachher werden sie rein… Aber er soll mäßig gegessen werden, damit das Blut im Menschen nicht übermäßig erwärmt werde."

Volksglauben

Knoblauch ist ein uraltes Heilmittel, altägyptische Papyri berichten, dass die beim Bau der Pyramiden eingesetzten Arbeiter streikten, weil sie nicht genügend Zwiebeln und Knoblauch zu ihrer täglichen Nahrung bekamen. Vielen Völkern galt der Knoblauch als Heilmittel gegen das Böse. In Bulgarien legte man der Wöchnerin Knoblauchzehen auf das Kopfkissen, und das Neugeborene erhielt alsbald eine kleine Mütze, an die Knoblauch geheftet war. Auch zum Erkennen von Dieben taugte er. Wer einen Dieb im Traum sehen wollte, sollte vor dem Schlafengehen Knoblauch und Brot auf den linken Arm binden

Anbau im Garten

Der Knoblauch ist ein zweijähriges, winterhartes Kraut aus der Familie der Liliengewächse, dessen Wachstumszeit sich über zwei Vegetationsperioden erstreckt. Aus einer Zwiebel wächst im Frühjahr ein aufrechter, bis 100 cm hoher, runder Blütenschaft mit langen, schmalen Blättern. Der rötlich-weiße, kugelige Blütenstand ist von einem langgezogenen Hüllblatt umgeben, zwischen den kleinen Blütchen sitzen eiförmige Brutzwiebeln. Die Blütezeit ist von Juni bis August.

Der Knoblauch bevorzugt im Garten einen sonnigen Standort mit lockerem Boden. Er wird nur durch Brutzwiebeln oder Zehen vermehrt, die entweder Ende Oktober oder Anfang März in Abständen von 15 cm in den Boden gesteckt werden. Bei großer Hitze muss etwas gegossen werden. In Mischkultur gepflanzt wirkt Knoblauch vorbeugend gegen Pilzkrankheiten.

Ernte und Aufbereitung

Geerntet wird der Knoblauch im Spätsommer, wenn die Blätter verwelkt sind. Man gräbt die Zwiebel aus und lässt sie ein paar Tage an der Luft trocknen. Mit Hilfe des trockenen Laubs werden die Zwiebeln gebündelt oder zu Zöpfen geflochten und trocken und kühl aufbewahrt.

Inhaltsstoffe und Wirkung

Knoblauch enthält Alliin, Saponin, Vitamin A und C sowie schwefelhaltige ätherische Öle. Sie wirken antibakteriell, schleimlösend, gefäßerweiternd.

Königskerze

Marienkerze

(Verbascum densiflorum)

„Die Königskerze ist warm und trocken und etwas kalt, und wer ein schwaches und trauriges Herz hat der koche Königskerze mit Fleisch oder mit Fischen oder mit Pfannkuchen ohne andere Kräuter, und er esse das oft, und es stärkt sein Herz und macht es fröhlich. Aber auch wer in der Stimme und in der Kehle heiser ist und wer in der Brust Schmerzen hat, der koche Königskerze und Fenchel in gleichem Gewicht in gutem Wein, und er seihe das durch ein Tuch und trinke es oft, und er wird die Stimme wiedererlangen, und er heilt die Brust."

Volksglauben

Der Sage nach verirrte sich einst ein englischer König mit seinem Sohn in den Katakomben Roms. In der Dunkelheit konnten sie den Ausgang nicht mehr finden und fürchteten den Hungertod. Als sie um Hilfe beteten, ging plötzlich von der Blume, die der Sohn am Eingang gepflückt hatte, ein Leuchten aus, sodass die beiden glücklich herausfanden. Seither trägt diese Blume den Namen „Königskerze". Zur Heilung von Schwerkranken wurde der Stängel der Königskerze nach Osten umgeknickt – die Seele der Pflanze stieg mit der aufgehenden Sonne in den Himmel hinauf, während die des Kranken noch weiter auf der Erde verweilen durfte.

Anbau im Garten

Die Königskerze ist eine zweijährige, 50 bis 250 cm hohe Pflanze aus der Familie der Braunwurzgewächse. Im ersten Jahr zeigt sie sich nur als Blattrosette, aus der sich im zweiten Jahr ein hoher Spross mit eiförmigen, leicht gekerbten Blättern und weit geöffneten, gelben, in Büscheln stehenden Blüten erhebt. Die Blütezeit ist von Juli bis September.

Im Garten braucht die Pflanze einen sonnigen Platz mit trockenem, nährstoffreichem, vorzugsweise kalkhaltigem Boden. Die Aussaat erfolgt im Frühsommer direkt ins Freiland. Später sät sich die Pflanze von selbst im ganzen Garten aus.

Ernte und Aufbereitung

Die Blüten werden während der Blüte, am besten vormittags, geerntet und anschließend so rasch wie möglich getrocknet.

Inhaltsstoffe und Wirkung

Die Königskerze enthält Schleimstoffe, Saponine, Flavonoide, Rutin, Hesperidin, Iridoide und ätherische Öle. Sie wirken reizlindernd, schleimlösend, harntreibend, entzündungshemmend.

Krauseminze
Spearmint
(Mentha spicata)

„Die Krauseminze ist von mäßiger und scharfer Wärme, ist aber doch etwas gemäßigt. Und wem die Gicht schadet, der zerstoße sie und seihe den Saft durch ein Tuch und füge etwas Wein hinzu. Und so trinke er sie morgens und abends und zur Nacht, und die Gicht wird weichen. Und wie das Salz beigefügt jede Speise mäßigt, weil es schlecht ist, wenn zu viel oder zu wenig der Speise beigefügt wird, so gibt die Krauseminze, wenn sie dem Fleisch, den Fischen oder Speisen oder dem Mus beigefügt wird, jener Speise einen guten Geschmack und eine gute Würze und so erwärmt sie auch gegessen den Magen und verschafft eine gute Verdauung."

Volksglauben
In der Antike spielte die Minze als Aphrodisiakum eine wichtige Rolle, Brautleute wurden mit dem Kraut geschmückt. Der Sage nach wurde die schöne Minthe, die Geliebte des Hades, des Gottes der Unterwelt, von Persephone aus Eifersucht zerrissen. Als duftendes Kraut erschien ihr Leib wieder auf der Oberwelt. Plinius berichtet: „Wem das Minzenkraut helfen soll, der muss neun Tage nacheinander von einem Minzenkräutlein im Garten essen, ohne es aus der Erde zu reißen." Außerdem sollte Krauseminze dem Besitzer märchenhaften Reichtum verschaffen.

Anbau im Garten
Die Krauseminze ist eine 30 bis 70 cm hohe Staude aus der Familie der Lippenblütler. Sie hat lanzettliche, scharf gezähnte Blätter und ährenähnliche rosa- bis lilafarbene Blüten. Beim Zerreiben der Blätter entsteht ein intensiver Geruch nach Spearmint. Die Blütezeit ist von Juli bis September.

Im Garten benötigt die Pflanze einen sonnigen bis halbschattigen Platz mit feuchtem bis nassem, kalkhaltigem, nährstoffreichem Boden. Neue Pflanzen gewinnt man durch Teilung der Wurzel oder vorsichtiges Abtrennen bewurzelter Ausläufer. Der beste Zeitpunkt dafür ist vor dem Neuaustrieb im Frühjahr oder im Herbst nach der Blüte.

Ernte und Aufbereitung
Die Blätter können während der gesamten Vegetationszeit (vor der Blüte) geerntet werden. Sie werden getrocknet und zerrieben als Pulver verwendet.

Inhaltsstoffe und Wirkung
Die Krauseminze enthält ätherische Öle, Gerb- und Bitterstoffe, Flavonoide, Carvon (kein Menthol!). Sie wirken krampflösend, verdauungsfördernd, durchblutungsfördernd, leicht desinfizierend.

Lavendel

Nervenkraut

(Lavandula angustifolia)

„Der wilde Lavendel ist warm und trocken und seine Wärme ist gesund. Und wer Lavendel mit Wein kocht und so lau oft trinkt, der mildert den Schmerz in der Leber und in der Lunge und die Dämpfigkeit in seiner Brust, und er bereitet reines Wissen und reinen Verstand. Der echte Lavendel ist warm und trocken, weil er wenig Saft hat. Und er nützt dem Menschen nichts zum Essen, hat aber doch einen starken Duft. Und wenn ein Mensch, der viele Läuse hat, oft am Lavendel riecht, sterben die Läuse an ihm ab. Sein Duft macht die Augen klar."

Volksglauben

Die Araber verwendeten Lavendelöl als Antiseptikum. Für die Römer war der Lavendel der Inbegriff für Reinlichkeit. In den Alpen galt Lavendel als besonders heilig, er half gegen den Teufel und konnte selbst Hexen retten. Sie brauchten sich nur auf einen Lavendelstock zu setzen. Gab man im Mai Hühnern Lavendel ins Wasser, blieben diese das ganze Jahr gesund. In der Johannisnacht gepflückter Lavendel hielt bösen Zauber fern. Früher zogen „Lavendelweiber" singend von Haus zu Haus und boten den „Balsam für die Nerven" an.

Anbau im Garten

Der Lavendel ist ein 30 bis 50 cm hoher, mehrjähriger Halbstrauch aus der Familie der Lippenblütler. Er hat lanzettliche, ganzrandige, graugrüne Blätter und langgestielte, violettblaue, aromatisch duftende Blütenähren. Ältere Triebe verholzen am Grund. Die Blütezeit ist von Mai bis August.

Der Lavendel bevorzugt im Garten einen sonnigen Standort mit gut durchlässigem, kalkhaltigem Boden. Die Jungpflanzen benötigen 30 cm Abstand. Die Vermehrung erfolgt durch Stecklinge im Frühjahr oder Herbst oder durch Teilung des Stockes im Herbst. Im ersten Jahr muss man den Blütenansatz abschneiden, damit die Pflanze buschiger wächst.

Ernte und Aufbereitung

Die Blüten werden geerntet, sobald sie sich öffnen und dann getrocknet. Die Blätter für den Frischverbrauch können das ganze Jahr gesammelt werden. Sie werden an der Luft im Schatten getrocknet und zerrieben.

Inhaltsstoffe und Wirkung

Der Lavendel enthält ätherisches Lavendelöl, Gerbstoffe, Flavonoide, Phytosterole, Cumarine. Sie wirken beruhigend, krampflösend, verdauungsfördernd, entblähend und adstringierend.

Liebstöckel

Maggikraut

(Levisticum officinale)

„Der Liebstöckel ist von gemäßigter Wärme. Und wenn er ihn roh isst, macht er den Menschen in seiner Natur zerfließend und gibt so dessen Natur preis. Aber wenn ihn jemand gekocht ohne andere Würzen allein äße, würde es ihn schwer und unlustig in Geist und Körper machen… Und wenn ein Mensch an Drüsen und Hals Schmerzen leidet, sodass die Halsadern aufgebläht sind, dann nehme er Liebstöckel und etwas mehr Gundelrebe und er koche das gleichzeitig in Wasser. Nach Aufgießen des Wassers lege er das warm um den Hals, weil seine Halsadern übermäßig auseinandergezogen sind, und er wird geheilt werden. Und wenn jemand in der Brust hustet, sodass er dort zuerst Schmerz zu empfinden beginnt, dann nehme er Liebstöckel und Salbei auf gleiche Weise und Fenchel zweimal so viel wie diese zwei und er lege das gleichzeitig so lange in guten Wein, bis dieser Wein den Geschmack davon annimmt, und dann, nach Wegwerfen der Kräutlein, wärme er diesen Wein, und er trinke ihn warm nach dem Essen, bis er geheilt wird."

Volksglauben

Ein Mensch, der etwas von der Pflanze bei sich trug, wurde von allen gern gesehen und war gegen Unheil aller Art gefeit. Band man sich am Himmelfahrtstag Liebstöckel auf den Rücken, bewahrte es einen das ganze Jahr vor Kreuzschmerzen. Für die Haustiere wurde Liebstöckel in Brot eingebacken und dann verfüttert. Stößigen Rindern rieb man die Hörner mit dem Kraut ein. Damit die Eier von Gänsen gut ausgebrütet wurden, legte man sie auf das Kraut.

Anbau im Garten

Das Liebstöckel ist eine ausdauernde, 100 bis 200 cm hohe Staude aus der Familie der Doldenblütler. Sie hat einen kräftig verzweigten Wurzelstock, große, gefiederte, glänzend grüne Blätter und gelbgrüne Doldenblüten. Die Pflanze riecht intensiv nach Maggi. Die Blütezeit ist Juli/August. **Wichtig:** Wegen der Verwechslungsgefahr mit giftigen Doldenblütlern nur Eigenanbau!

Im Garten braucht Liebstöckel einen sonnigen bis halbschattigen Platz mit feuchtem, nährstoffreichem Boden. Die Vermehrung erfolgt durch Aussaat im Frühjahr oder Sommer oder durch Wurzelteilung im Frühjahr oder Herbst. Regelmäßig düngen.

Ernte und Aufbereitung

Blätter zum Würzen können das ganze Jahr geerntet werden. Erst im Herbst des zweiten Jahres werden die Wurzeln ausgegraben, gereinigt und an Schnüren zum Trocknen aufgehängt.

Inhaltsstoffe

Liebstöckel enthält ätherisches Öl, Bitterstoffe, Harze und Cumarine. Sie wirken harntreibend, krampflösend und verdauungsfördernd.

Lorbeerbaum

Echter Lorbeer

(Laurus nobilis)

„Der Lorbeerbaum ist warm und hat etwas vom Trockenen und er bezeichnet die Beständigkeit. Nimm daher die Rinde und die Blätter des Lorbeers und zerstoße sie und drücke ihren Saft aus und dann mach mit diesem Saft und Weizenmehl Küchlein, zerreibe sie und mache sie zu Pulver, und dann mach mit Honig und Wasser eine Honigwürze und tue etwas von dem Pulver hinein und trinke. Und so wirst du es tun, so oft du willst, und es wird deinen Magen von allem Unrat reinigen und es verletzt ihn nicht stark."

Volksglauben

Lorbeer ist die Pflanze der Weissagung, im Orakel von Delphi schliefen die Seherinnen auf Lorbeerblättern. Vor das Haus gepflanzt sollte er es vor Blitzeinschlag schützen. Das Dach des Apollotempels bestand deshalb völlig aus Lorbeerblättern. Kaiser Commodus soll sich bei einem herannahenden Gewitter in einen nahegelegenen Lorbeerhain geflüchtet haben. Starb ein Lorbeerbaum, galt dies als schlechtes Omen, das oft den Tod bedeutete. „Man glaubt den König tot. Wir werden nicht bleiben. Die Lorbeerbäume in unserem Land sind alle verdorrt" (Shakespeare, Richard III.). Am Vorabend zu Dreikönig wurden mit Lorbeer Haus und Hof geräuchert, um böse Geister abzuhalten.

Anbau im Garten

Der Lorbeerbaum ist ein immergrüner Strauch oder Baum aus der Familie der Lorbeergewächse, der eine Höhe von bis zu 10 m erreichen kann. Er ist mit ledrigen, 5 bis 12 cm langen, elliptischen Blättern dicht belaubt. Die Blätter glänzen auf der Oberseite und haben einen aromatischen Duft. Die achselständigen, winzigen, gelben Blüten erscheinen im Frühling und bringen glänzende, blauschwarze Beeren hervor.

Im Garten bevorzugt der Lorbeer einen sonnigen oder halbschattigen, geschützten Standort und einen durchlässigen, nährstoffreichen Boden. Die Vermehrung erfolgt durch Stecklinge im Spätsommer, die zum Bewurzeln in sandigen Boden in einer frostfreien Ecke des Gartens gesteckt werden. Wenn man frühzeitig mit der Gestaltung anfängt, lässt sich Lorbeer auch zu schönen Formschnittgehölzen gestalten.

Ernte und Aufbereitung

Blätter und Zweige werden im Sommer geerntet. Lorbeerblätter müssen im Dunklen getrocknet werden, damit sie nicht völlig braun werden. Es empfiehlt sich, die Blätter liegend zu lagern und regelmäßig zu bewegen oder zu wenden, damit sie nicht schimmeln und einigermaßen glatt bleiben.

Inhaltsstoffe und Wirkung

Der Lorbeer enthält ätherische Öle, Bitterstoffe, Borneol, Kampfer, Carvacrol, Eugenol, Salicylate, Thymol, Valeriansäure, Beta-Sitosterol. Sie wirken antibakteriell, harntreibend, kräftigend, schleimlösend, schweißtreibend, verdauungsfördernd.

Lungenkraut

Fleckenkraut

(Pulmonaria officinalis)

„Das Lungenkraut ist kalt und etwas trocken... Aber ein Mensch, dessen Lunge aufgeblasen ist, sodass er hustet und nur mit Mühe einatmet, der koche Lungenkraut in Wein und trinke es oft nüchtern, und er wird geheilt werden... Und wenn die Lunge aufgeblasen ist, und einer in Wein gekochtes Lungenkraut oft trinkt, wie wir vorhin sagten, wird seine Lunge die Gesundheit wiedererlangen, weil die Lungen beinahe seine Natur haben... Wenn die Schafe oft Lungenkraut fressen, werden sie gesund und fett, und es schadet auch ihrer Milch nicht."

Volksglauben

Die alten Griechen verräucherten Lungenkraut in Krankenhäusern und Spitälern und mit Weihrauch gemischt bei Leichenbestattungen. Krankheitsgeister und Dämonen sollten durch den Rauch vertrieben werden. Das Lungenkraut zählt zu den Marienpflanzen, und der Legende nach sollen die weißen Flecken auf den Grundblättern der Pflanze entstanden sein, als beim Stillen des Jesuskindes Muttermilch der Muttergottes darauf tropfte. In der Signaturlehre sieht man in den Flecken und der Form der Blätter einen erkrankten Lungenflügel.

Anbau im Garten

Das Lungenkraut ist eine mehrjährige Staude aus der Familie der Raublattgewächse. Aus dem waagerecht verlaufenden Wurzelstock entwickeln sich 20 bis 30 cm hohe, leicht behaarte Stängel mit rauhaarigen, fast herzförmigen, weiß gefleckten Blättern. Die am Stängelende sitzenden kurzgestielten Blüten sind anfangs rötlich und werden später blauviolett. Die Blütezeit ist von März bis Mai.

Im Garten bevorzugt das Lungenkraut einen halbschattigen bis schattigen Platz mit feuchtem, kalkhaltigem Boden. Die Pflanze lässt sich gut durch Teilung vermehren, sät sich aber auch oft von selbst aus.

Ernte und Aufbereitung

Geerntet wird das blühende Kraut, das man kurz über dem Boden abschneidet und dann gebündelt zum Trocknen aufhängt.

Inhaltsstoffe und Wirkung

Das Lungenkraut enthält Schleime, Gerbstoffe, Saponine, Flavonoide, Kieselsäure, Vitamin C, Allantoin. Sie wirken entzündungshemmend, harntreibend, schleimlösend.

Madonnenlilie

Josefslilie

(Lilium candidum)

„Die Lilie ist mehr kalt als warm. Nimm daher den Kopf einer Lilienwurzel und zerstoße ihn stark mit altem Fett und zerlasse es in einer Schüssel und so gebe es in ein Gefäß. Und wer dann die weiße Lepra, nämlich „quedick" hat, den salbe oft damit, nachdem die Salbe zuvor erwärmt wurde, und er wird geheilt werden… Und dann nehme er den Stängel, die Blätter und die Blüten von Lilien, zerstoße sie und drücke ihren Saft aus und zerknete diesen Saft gleichzeitig mit Fett, und wo er am Körper vom Ausschlag Schmerzen hat, dort salbe er sich."

Volksglauben

Der Legende nach entstand die Lilie, weil Herkules, um unsterblich zu werden, so kräftig an der Brust der schlafenden Hera trank, dass einige Milchtropfen auf die Erde fielen und diese sich in Lilien verwandelten. Im Mittelalter wurde die Pflanze als heilige Blume mit der Jungfrau Maria in Verbindung gebracht (daher ihr volkstümlicher Name). Lilien gelten als Symbol der Unschuld und Reinheit, aber auch als Gruß des Todes an die zurückbleibenden Lebenden. Daher kommt die Sage, dass der Geist des Verstorbenen selbst die Blume auf sein Grab gepflanzt habe.

Anbau im Garten

Die Madonnenlilie ist eine ausdauernde, 50 bis 120 cm hohe, krautige Pflanze aus der Familie der Liliengewächse. Die anders als bei anderen Lilien unmittelbar unter der Erdoberfläche sitzende Zwiebel ist oval, weiß und hat einen Durchmesser von bis zu 9 cm. Der starke, glatte Stängel ist violett überhaucht. Die spiralförmig angeordneten, zahlreichen Blätter sind glänzend und unbehaart, lanzettlich und nach oben hin eiförmig. Im Herbst bilden die Pflanzen zur Überwinterung eine bodenständige Rosette aus bis zu 20 cm langen Laubblättern und gleichzeitig neue Wurzeln aus. Die traubig angeordneten Blüten sind reinweiß. Die Blütezeit ist Mai/Juni.

Im Garten braucht die Pflanze einen warmen, sonnigen, windgeschützten Platz mit nährstoffreichem, lockerem und kalkhaltigem Boden. Die ideale Pflanzzeit der Zwiebeln ist September und Oktober. Die Zwiebeln sollten 12 bis 20 cm hoch mit Erde abgedeckt werden. In rauen Lagen ist ein Winterschutz mit Laub oder Fichtenzweigen empfehlenswert.

Ernte und Aufbereitung

Man erntet die Blüten, zerkleinert sie, füllt sie in eine Flasche und gießt Olivenöl darauf. Dann lässt man das Ganze etwa 4 Wochen in der Sonne stehen.

Inhaltsstoffe und Wirkung

Lilien enthalten ätherische Öle, Saponine und Flavonoide. Sie wirken schmerzlindernd, wundheilend, entzündungshemmend.

Malve

Käsepappel

(Malva sylvestris)

„Die Malve hat in sich mäßige Kälte, wie der Tau, ist aber doch kälter. Aber niemand soll sie roh essen, denn wenn er sie roh äße, wäre sie wie ein Gift, weil sie schleimig ist und weil sie dicke und giftige Säfte hat, und sie bereitet diese im Menschen. Für jene aber, die einen kranken Magen haben, ist sie gekocht und frisch gegessen gut, allerdings nur ganz am Anfang, sodass er davon ein Mus machen soll unter Beigabe von Fett, und er esse das, was einigermaßen Verdauung bereitet... Und wenn durch verschiedene Fieber die Melancholie im Gehirn des Menschen Schmerzen bereitet, dann zerstoße er im Mörser Malve und zweimal so viel Salbei. Und dies besprenge er mit etwas Olivenöl, und dies lege er von der Stirn über den Scheitel bis auf seinen Hinterkopf und binde ein Tuch darüber. Und dies tue er während drei Tagen und in diesen drei Tagen erneuere er es abends mit Olivenöl oder Essig und darüber hinaus tue er so, bis es ihm besser geht."

Volksglauben

In der Antike dienten die Malvenblätter als Zeichen der Bitte um Vergebung. Seit dem 15. Jahrhundert galt die Pflanze als Wahrheitsdroge. Wollte man erfahren, ob eine Frau Kinder bekommen konnte, musste man ihren Harn auf die Pflanze gießen. Verdorrte diese innerhalb von drei Tagen, war die Frau unfruchtbar, blieb sie grün, war mit Kindersegen zu rechnen. Ihr deutscher Volksname hat nichts mit der Pappel zu tun, sondern bezieht sich auf die käselaibförmigen, schleimhaltigen Früchte, aus welchen früher Kinderbrei („Papp") zubereitet wurde.

Anbau im Garten

Die Malve ist eine zweijährige bis ausdauernde krautige Pflanze aus der Familie der Malvengewächse. Aus der spindelförmigen Wurzel entspringen aufrechte, aufsteigende oder niederliegende, rauhaarige, 30 bis 100 cm lange Stängel mit langgestielten, fünflappigen, beiderseits behaarten Blättern. Die rosavioletten, fein geäderten Blüten sitzen in kleinen Büscheln in den Blattachseln. Die Blütezeit ist von Mai bis September. Im Garten braucht die Malve einen sonnigen Platz mit einem lockeren, nährstoffreichen Boden. Direkt am Gartenzaun, wenn die biegsamen Stängel auch nach außen wuchern, wirkt der Blütenschmuck der Malve besonders schön.

Ernte und Aufbereitung

Im Sommer werden die Blüten mit Kelch, jedoch ohne Stiel gepflückt und an einem schattigen, luftigen Ort getrocknet. Das ganze Kraut oder die Blätter erntet man zur selben Zeit und trocknet sie ebenfalls im Schatten.

Inhaltsstoffe und Wirkung

Die Malve enthält reichlich Schleim, Gerbstoffe und wenig ätherisches Öl. Sie wirken reizlindernd, entzündungshemmend, adstringierend.

Mariendistel

Frauendistel

(Silybum marianum)

„Die Mariendistel hat die Kälte in sich, die vom Tau ist, und sie ist sehr nützlich. Wenn jemand vom Stechen im Herzen oder in einem anderen seiner Glieder Schmerzen hat, dann nehme er Mariendistel und etwas weniger aufrechten Salbei, und dies mache er in etwas Wasser zu Saft, und sogleich trinke er es so zur Stunde, wenn er vom Stechen geplagt wird, und es wird ihm besser gehen."

Volksglauben

Schon im alten Griechenland war die Mariendistel als Heilpflanze bekannt. Der Sage nach wollte die Muttergottes auf der Flucht nach Ägypten ihr Kind stillen. Sie versteckte sich unter den Blättern der Mariendistel. Dabei fielen einige Tropfen Milch auf die Pflanze, die seitdem als weiße Zeichnung auf den Blättern zu sehen sind. Andere Namen für die Mariendistel erinnern entweder an die Geschichte von Maria und Jesus, wie „Heilanddistel" oder sie nehmen auf das Aussehen der Pflanze Bezug, wie die Bezeichnungen „Weißdistel" oder „Stechkraut". Die Namen „Frauendistel", „Venusdistel" und „Milchdistel" rühren von der Tradition her, die Pflanze stillenden Frauen zur Anregung des Milchflusses zu verabreichen. Einem anderen Volksglauben zufolge darf die stachlige Pflanze nicht auf dem Ofen einer Wirtsstube aufbewahrt werden, da sonst unter den Gästen Streit ausbricht.

Anbau im Garten

Die Mariendistel ist eine zweijährige, 50 bis 150 cm hohe, krautige Pflanze aus der Familie der Korbblütler. Sie hat große, grünweiß marmorierte, dornig gezähnte Blätter und rundliche, rote Blütenköpfe, deren äußere Hüllblätter lange, nach unten gerichtete Dornen tragen. In den Blütenständen entwickeln sich samenartige Früchte. Die Blütezeit ist von Juni bis September.

Im Garten bevorzugt die Pflanze einen sonnigen Standort mit durchlässigem, nährstoffreichem Boden. Die Aussaat erfolgt ab März in einem geschützten Frühbeet oder ab Ende April direkt ins Freiland. Später sät sich die Pflanze von selbst aus und neigt zum Verwildern.

Ernte und Aufbereitung

Das ganze Kraut kann man während des ganzen Jahres ernten. Es wird zerkleinert und getrocknet. Die Samen werden im August/September gesammelt und ebenfalls getrocknet.

Inhaltsstoffe und Wirkung

Die Mariendistel enthält Bioflavonoide, Bitterstoffe, Schleim, Histamin, Harze, fettes Öl, ätherisches Öl. Sie wirken entgiftend und bindegewebskräftigend.

Melisse

Zitronenkraut

(Melissa officinalis)

„Die Melisse ist warm und ein Mensch, der sie isst, lacht gern, weil ihre Wärme die Milz berührt und daher das Herz erfreut wird. Aber wem das Weiße im Auge wächst, der reiße sie mit der Wurzel aus der Erde und die eben entwurzelte Pflanze lege er über Nacht in das Wasser einer sprudelnden Quelle, und dann erwärme er die Pflanze in einer Schüssel, nachdem sie aus dem Wasser genommen ist. Und so warm lege er sie auf jenes Auge. Und dies tue er während drei Nächten, und das Weiße in seinem Auge wird geheilt werden und verschwinden."

Volksglauben

Auffällig ist die Vielzahl der volkstümlichen Namen für die Melisse: „Zitronen-, Herz-, Bienen"- und „Nervenkraut" u.a. Einige der Namen deuten auf die Krankheiten hin, die mit der Melisse behandelt werden können. Dabei handelt es sich insbesondere um nervöse Spannungen. Da die Pflanze auch „Herztrost" genannt wird, verwundert es nicht, dass schon der römische Naturwissenschaftler Plinius die nervenberuhigende Wirkung der Melisse bestätigte und sie als Mittel gegen Hysterie und Hypochondrie empfahl. Und bis heute erfreut sich der (Klosterfrau-) Melissengeist großer Beliebtheit.

Anbau im Garten

Die Melisse ist eine ausdauernde, 30 bis 70 cm hohe Pflanze aus der Familie der Lippenblütler. Aus dem weit verzweigten Wurzelstock steigen vierkantige, verästelte Stängel hoch. Die Blätter sind eiförmig, am Rand grob gesägt und netzartig geädert. Bei Berührung verströmt die Pflanze einen intensiven Zitronenduft. In den Blattachseln sitzen zarte, weiße bis bläuliche Blüten. Die Blütezeit ist von Juni bis August.

Im Garten fühlt sich die Melisse an einem sonnigen, windgeschützten Platz mit durchlässigem, humosem Boden am wohlsten. Die Anzucht aus Samen ist umständlich, fertige Jungpflanzen werden überall im Gartenfachhandel angeboten. Später kann die Pflanze leicht durch Teilen des Wurzelstocks oder durch Stecklinge vermehrt werden. In rauen Gegenden braucht die Melisse einen Winterschutz.

Ernte und Aufbereitung

Die Blätter erntet man vor der Blüte, denn wenn die Pflanze blüht, haben sie weder einen angenehmen Geruch noch einen guten Geschmack. Um das ätherische Öl in den Blättern zu erhalten, müssen sie schonend (nicht über 40 °C) getrocknet werden.

Inhaltsstoffe und Wirkung

Melisse enthält ätherisches Öl, Bitter- und Gerbstoffe, Harz, Schleim, Saponin und Glykosid. Sie wirken entspannend, aufmunternd, anregend, krampflösend.

Mutterkraut

Mutterkamille

(Tanacetum parthenium)

„Das Mutterkraut ist warm und hat einen angenehmen Saft, und den schmerzenden Eingeweiden ist dieser wie eine angenehme Salbe. Und wer in den Eingeweiden Schmerzen hat, der koche Mutterkraut mit Wasser und Fett oder Öl, und er gebe feinstes Mehl dazu, und so bereite er eine Suppe und esse sie, und er heilt die Eingeweide. Und wenn die Frauen den Monatsfluss haben, sollen sie diese Suppe, wie vorhin gesagt, bereiten und essen, und dies bereitet eine angenehme und leichte Reinigung des Schleims und des inneren Unrats und leitet den Monatsfluss hinaus… Ein Mensch, der an stechenden Schmerzen leidet, nehme Mutterkraut und zerstoße es gründlich zu Saft, gebe dazu eine geringe Menge Kuhbutter. Damit reibe er sich dort ein, wo er die Schmerzen hat, und er wird geheilt werden."

Volksglauben

Das Mutterkraut kam ungefähr um 300 v. Chr. nach Griechenland und breitete sich von dort über den gesamten Balkan aus. Es wurde damals vor allem bei Menstruationsbeschwerden und Geburtsschmerzen eingesetzt, der Name Mutterkraut ist vermutlich darauf zurückzuführen. Im Mittelalter wuchs die Pflanze auch in den Kräutergärten Mitteleuropas. Mit Wein und Honig vermischt sollte es gegen Melancholie wirken. Der Volksname „Weihnachtsbrosamen" weist darauf hin, dass einem alten Glauben nach die Vermehrung der Pflanze auf recht geheimnisvolle Weise vor sich ging. Man sammelte am Heiligen Abend die übrig gebliebenen Brotkrümel und streute sie im Garten auf den Schnee. Daraus sollten im Frühjahr die neuen Pflanzen wachsen.

Anbau im Garten

Das Mutterkraut ist eine 20 bis 60 cm hohe Pflanze aus der Familie der Korbblütler. Sie bildet dichte, ausladende Büsche, deren aufrechte, vierkantige, etwas holzige Stängel sich erst im oberen Teil verzweigen. Die einfach gefiederten, lappigen, gelblichgrünen Blätter fühlen sich weich an. Die kamilleähnlichen Blüten duften intensiv aromatisch. Die Blütezeit ist von Juni bis September.

Im Garten braucht das Mutterkraut einen sonnigen Platz mit durchlässigem, wenig kalkreichem Boden. Ab April kann direkt ins Freiland ausgesät werden. Wenn die Jungpflanzen sich kräftig genug entwickelt haben, werden sie an den endgültigen Platz gesetzt. Die Pflanze sät sich von selbst aus.

Ernte und Aufbereitung

Von Mai bis September werden Blätter und Blüten geerntet und an einem luftigen, trockenen Ort möglichst schnell getrocknet. Blüten sollen sich beim Trocknen nicht verfärben, dunkle Flecken weisen auf schlechte Trocknung oder Lagerung hin.

Inhaltsstoffe und Wirkung

Mutterkraut enthält ätherische Öle (Campher und Chrysanthenylacetat), Flavonoide, Sesquiterpenlactone. Sie wirken schmerzstillend, krampflösend, fiebersenkend, uterusstimulierend.

Petersilie

Suppenkraut

(Petroselinum crispum)

„Die Petersilie ist von kräftiger Natur und hat mehr Wärme als Kälte in sich, und sie wächst vom Wind und von der Feuchtigkeit. Und sie ist für den Menschen besser und nützlicher als roh gekocht zu essen. Und gegessen mildert sie die Fieber, die den Menschen nicht erschüttern, sondern leicht berühren... Aber wer im Herzen oder in der Milz oder in der Seite Schmerzen hat, der koche Petersilie in Wein und füge etwas Essig und genug Honig bei, und dann siebe er es durch ein Tuch, und so trinke er oft, und es heilt ihn... Aber auch wer Lauch isst und davon Schmerzen hat, der esse sogleich Petersilie und er wird weniger Schmerzen haben... Ein Mensch, der weiches Fleisch hat und von zu viel Trinken an der Gicht in einem seiner Glieder befallen wird, der nehme Petersilie und viermal so viel Weinraute und lasse diese in einer Pfanne mit Olivenöl heiß werden – oder wenn er kein Öl hat, dann mit Bockstalg. Diese Pflanzen lege er dann heiß über den Ort, wo es ihm weh tut und binde sie fest, und es wird besser."

Volksglauben

Schon Homer beschrieb in seiner Odyssee, dass die Insel Ogygia von einem wahren Petersilienteppich bedeckt gewesen sei. Dem Volksglauben nach braucht die Petersilie so lange zum Keimen, weil sie neunmal zurück zum Teufel geht. Das ließ sich verhindern, wenn man beim Aussäen dreimal lachte oder sie nur an bestimmten Tagen aussäte: am 25.3. (Maria Verkündigung), am 24.6. (Johanni) und am 14.8 (Maria Himmelfahrt). Wenn sie aber gar nicht aufging, so starb jemand. Gab man den Kühen an Sonnwend' Petersilie ins Futter, waren sie vor Hexen geschützt.

Anbau im Garten

Die Petersilie ist eine zweijährige Pflanze aus der Familie der Doldenblütler, die im ersten Jahr aus einer kräftigen Wurzel eine 20 bis 30 cm hohe Rosette aus langgestielten, mehrfach gefiederten Blättern treibt. Im zweiten Jahr erscheinen 60 cm hohe Blütenstängel mit unscheinbaren, gelblichgrünen Dolden. Danach stellt die Pflanze das Blattwachstum ein. Die Blütezeit ist Juni/Juli.
Im Garten braucht die Petersilie einen sonnigen bis halbschattigen Platz mit einem tiefgründigen, feuchten, lockeren und nährstoffreichen Boden. Von Mitte März bis Ende Juli kann direkt ins Freiland ausgesät werden. Die Aussaat sollte aber jedes Jahr an einer anderen Stelle erfolgen, erst im vierten Jahr kann die Petersilie wieder am gleichen Platz wachsen.

Ernte und Aufbereitung

Sobald die Petersilie kräftig genug ist, können die Blätter laufend bis zur Blüte geerntet werden. Petersilienblätter lassen sich trocknen oder frisch einfrieren.

Inhaltsstoffe und Wirkung

Petersilie enthält ätherische Öle (Apiol), Myristicin, Flavonoide, Provitamin A, Vitamin C, Kalzium, Kalium, Magnesium, Eisen. Sie wirken harntreibend, durchblutungsfördernd, krampflösend, blähungstreibend.

Pfingstrose
Gichtrose
(Paeonia officinalis)

„Die Pfingstrose ist feurig und hat gute Kraft und sie taugt gegen Dreitage- und Viertagefieber. Zerquetsche denn ihre Wurzel mäßig und lege sie so in Wein und trinke oft und sie vertreibt das Dreitage- und Viertagefieber von dir. Und pulverisiere wiederum Pfingstrose und schütte dieses Pulver in Mehl und füge Fett oder Mohnöl hinzu. Mache so daraus einen Happen und iss ihn oft und wiederum wird das Dreitage- oder Viertagefieber von dir weichen... Aber auch wer viel Schleim im Kopf und um die Brust hat und daher viel Unrat auswirft und auch stinkenden Atem hat, der schneide die Wurzel der Pfingstrose in Scheibchen und füge denen auch von ihren Samen bei und er lasse das in Wein sieden und er trinke das mäßig oft so warm, und es reinigt seinen Kopf und seine Brust, und es bewirkt, dass sein Atem einen guten Geruch hat. Und nachdem er diesen Wein getrunken hat, kann er einen anderen Wein bis zu dreimal mit derselben Pfingstrose wärmen."

Volksglauben
Pfingsten ist das Fest, an dem der Heilige Geist den Jüngern Jesu Sprachgewandtheit verlieh, die Pfingstrose sollte Stotterer heilen. Wenn man eine Pfingstrose pflückte oder ihre Wurzel ausgrub, war es absolut lebenswichtig, dass die Sonne noch nicht aufgegangen war. Im Mittelalter wurden die Wurzeln oder Samen der „Gichtrose" häufig als Amulett gegen Gicht, Furcht, Frauenkrankheiten, aber auch gegen Verhexung getragen. Zahnende Kinder erhielten eine Kette mit 77 Pfingstrosensamen um den Hals gehängt.

Anbau im Garten
Die Pfingstrose ist eine ausdauernde, 50 bis 100 cm hohe Staude aus der Familie der Pfingstrosengewächse. Sie hat knollig verdickte Wurzeln, doppelt dreizählige, tief eingeschnittene Blätter und karminrote, rosafarbene oder weiße Einzelblüten mit gelben Staubgefäßen. Die Blütezeit ist Mai/Juni.
Im Garten gedeiht die Pflanze an einem sonnigen Platz mit durchlässigem, lehmigem und nährstoffreichem Boden. Pfingstrosen lassen sich zwar aus Samen anziehen, brauchen aber dann meist bis zu 5 Jahren bis zur ersten Blüte. Besser setzt man Jungpflanzen aus dem Gartenfachhandel ein. Auf Störungen reagiert die Pfingstrose empfindlich. Lässt man sie jedoch in Ruhe, werden die Blüten von Jahr zu größer und schöner. Da die Pflanze mehrere Jahrzehnte an ihrem Standort verbleiben kann, sollte er sorgfältig ausgewählt werden.

Ernten und aufbereiten
Man erntet die Wurzel im zeitigen Frühjahr oder im späten Herbst, und die Samen, wenn sie reif sind. Die Wurzel wird zerkleinert und frisch oder getrocknet verwendet.

Inhaltsstoffe und Wirkung
Die Pfingstrose enthält ätherische Öle, Kohlenhydrate, Gerbsäuren, Fette, Harze, Alkaloid Peregrinin. Sie wirken blutstillend, wundheilungsfördernd, krampflösend.

Poleiminze

Polei

(Mentha pulegium)

„Die Polei hat eine angenehme Wärme und ist trotzdem feucht, und von folgenden fünfzehn Kräutern hat sie eine Kraft in sich, nämlich Zitwer, Gewürznelke, Galgant, Ingwer, Basilienkraut, Beinwell, Lungenwurz, Osterluzei, Schafgarbe, Eberraute, Engelsüß, Odermenning, Stur, Storchenschnabel, Bachminze. Und diese Kräuter wirken allen Fiebern entgegen und wer im Gehirn Schmerzen hat, sodass er krank ist, der lege Polei in Wein und koche sie, und er lege sie so warm um seinen Kopf und er binde ein Tuch darüber, damit das Gehirn warm sei, und der Wahnsinn in ihm wird unterdrückt. Und wem die Augen sich verdunkeln, der drücke ihren Saft aus und salbe ihn um die Augen und um die Augenlider, jedoch so, dass er die Augen inwendig nicht berührt, und er wird ihre Verdunklung vertreiben."

Geschichte

Plinius schrieb, dass die Poleiminze als wertvollere Arzneipflanze galt als Rosen. Ein Hinweis auf die traditionelle Anwendung als Flohmittel findet sich im Artnamen *pulegium* (lat. Pulex = Floh). Vermutlich haben die Engländer etwa um 1700 mit der Kultivierung von aromastarken Kreuzungen der Minze begonnen. In viktorianischer Zeit gab es dort sogar den Beruf des Kräuterstreuers, der den Fußboden mit duftenden Kräutern gegen den allgegenwärtigen Gestank bestreut hat.

Anbau im Garten

Die Poleiminze ist eine ausdauernde, 20 bis 30 cm hohe, kriechende Staude aus der Familie der Lippenblütler. Sie bildet zahlreiche oberirdische Ausläufer, die kleinen Blätter sind kurzgestielt, hellgrün und schwach gezähnt. Die rosa- bis lilafarbenen Blüten stehen übereinander in Scheinquirlen. Das Kraut riecht typisch pfefferminzartig. Die Blütezeit ist von Juli bis Oktober.

Im Garten bevorzugt die Pflanze einen sonnigen bis halbschattigen Platz mit feuchtem, humusreichem, keinesfalls kalkhaltigem Boden. Die Vermehrung erfolgt durch Teilung des Wurzelballens oder vorsichtiges Abtrennen bewurzelter Ausläufer, am besten im Frühjahr oder im Herbst nach der Blüte.

Ernte und Aufbereitung

Zur Saftgewinnung werden vor der Blüte frische, ansonsten gleich nach der Ernte getrocknete Blätter verwendet. **Wichtig:** Die Blätter enthalten giftiges Pulegon, deshalb sollte die Poleiminze innerlich nicht angewendet werden.

Inhaltsstoffe und Wirkung

Die Poleiminze enthält ätherische Öle (Pulegon, s.o., Menthol), Gerbstoffe, Bioflavonoide. Sie wirken krampflösend, verdauungsfördernd, harntreibend, durchblutungsfördernd.

Quendel

Feldthymian

(Thymus serpyllum)

„Der Quendel ist warm und gemäßigt. Und ein Mensch, der krankes Fleisch des Körpers hat, sodass sein Fleisch wie die Krätze ausblüht, der esse oft Quendel entweder mit Fleisch oder im Mus gekocht, und das Fleisch seines Körpers wird innerlich geheilt und gereinigt werden. Aber wer die kleine Krätze, das heißt den kleinen Grind hat, der zerstoße Quendel mit frischem Fett, und so mache er daraus eine Salbe, und er salbe sich damit, und er wird die Gesundheit erlangen. Und wenn das Gehirn krank und wie leer ist, dann pulverisiere er Quendel, und dieses Pulver vermische er mit Semmelmehl in Wasser, und so mache er Törtchen und er esse sie oft, und sein Gehirn wird sich besser befinden."

Volksglauben

Quendel galt als vortreffliches Mittel gegen alle Krankheiten, die mit gewöhnlichen Arzneien nicht zu behandeln waren, besonders dann, wenn dämonische Einflüsse im Spiel waren. Ein mit im Quendel enthaltenem Öl hergestelltes Rezept verlieh einem die Fähigkeit, Feen zu sehen, wirkte aber auch gegen Schüchternheit. Wer einen Quendelzweig mit der rechten Hand dreimal um den Kopf schwang und dabei die Worte „Quandel mach mir Handel" sprach, dem sollten gute Geschäfte winken.

Anbau im Garten

Der Quendel ist ein immergrüner, ausdauernder, polsterartig wachsender, bis 20 cm hoher, stark aromatisch riechender Halbstrauch aus der Familie der Lippenblütler. Von einer tief in den Boden reichenden Zentralwurzel breiten sich liegende Stängel mit feinen, gegenständigen, ganzrandigen, graugrünen Blättchen aus. An den Zweigenden erscheinen rosafarbene Blüten in kugeligen Trauben. Die Blütezeit ist von Mai bis September.

Im Garten gedeiht der Quendel an einem sonnigen bis halbschattigen Standort mit sandigem, durchlässigem, nicht zu nährstoffreichem Boden. Quendel lässt sich aus Samen anziehen, einfacher jedoch ist es, im Mai Jungpflanzen zu setzen. Je öfter man die Blütenstände zurückschneidet, desto dichter wächst die Pflanze. Die Vermehrung erfolgt durch im Frühjahr abgenommene Kopfstecklinge, die Pflanze sät sich aber auch selbst aus.

Ernte und Aufbereitung

Man sammelt das blühende Kraut und verwendet es frisch oder trocknet es in Büscheln an der Luft im Schatten. Von den getrockneten Büscheln rebelt man die Blättchen ab.

Inhaltsstoffe und Wirkung

Quendel enthält ätherische Öle, Bitter- und Gerbstoffe, Flavonoide, Thymol, Carvacrol, Cymol. Sie wirken blutreinigend, desinfizierend, wundheilungsfördernd.

Raute

Weinraute

(Ruta graveolens)

„Die Raute wächst mehr aus dem starken und vollen Grün der Erde, als von der Wärme. Und sie hat gemischte Wärme in sich, aber doch mehr Wärme. Sie ist stark an Kräften in der Feuchtigkeit und sie ist gut gegen die trockenen Bitterkeiten, die in jenem Menschen wachsen, in dem die richtigen Säfte fehlen. Aber sie ist besser und nützlicher roh als pulverisiert zu essen. Und wenn sie gegessen ist, unterdrückt sie die unrechte Hitze des Blutes im Menschen. Denn die Wärme der Raute vermindert die unrechte Wärme der Melancholie und mäßigt die unrechte Kälte der Melancholie. Und so wird es dem Menschen, der melancholisch ist, besser gehen, wenn er sie nach anderen Speisen isst. Aber auch, wenn jemand eine andere Speise gegessen hat, wovon es ihn schmerzt, esse er nachher Raute, und es schmerzt ihn weniger."

Volksglauben

Schon früh galt die Raute als Mittel gegen Schlangenbisse und allgemein gegen Gifte. Wer Rautensaft mit sich trug, der war nicht nur gegen giftige Tiere, sondern auch vor der Pest geschützt. Die Pest wurde durch Ratten übertragen, und Ratten hassen den Geruch der Raute! Bekannt wurde die Pflanze auch durch den „Vierräuberessig", dessen Hauptbestandteil die Raute war. Während der Pestzeit hatten vier Räuber diesen getrunken, steckten sich dadurch nicht an und konnten so gefahrlos die Pestkranken und Toten ausrauben. Toten legte man Rautenbüschel in den Sarg, die die Verstorbenen vor den Mächten des Teufels schützen sollten. In Italien tauchte man sie in Weihwasser und besprengte damit Schlafzimmer, in denen böse Geister die Liebesbeziehungen eines Ehepaares gestört hatten. Der Weinraute schrieb man auch zu, dass sie helfe, die Keuschheit zu bewahren oder zu schützen.

Anbau im Garten

Die Raute ist ein ausdauernder, 50 bis 80 cm hoher und stark aromatisch riechender Halbstrauch aus der Familie der Rautengewächse. An den runden, starren Stängeln sitzen zarte, blaugrüne, unpaarig gefiederte Blätter und zahlreiche in einer Scheindolde angeordnete gelbe Blüten. Die Blütezeit ist von Juni bis August. Im Garten braucht die Pflanze einen sonnigen Platz mit durchlässigem, magerem Boden. Im April kann direkt an Ort und Stelle ausgesät werden. Später setzt man die Jungpflanzen im Abstand von 35 cm auseinander.

Ernte und Aufbereitung

Wegen der photosensiblen Wirkung der in den Blättern enthaltenen Cumarinderivate, die bei Licht Hautentzündungen hervorrufen, und der allergischen Wirkung der ätherischen Öle sollte man beim Ernten der frischen Blätter äußerste Vorsicht walten lassen.

Inhaltsstoffe und Wirkung

Die Raute enthält ätherische Öle, Cumarinderivate, Alkaloide, Rutin, Gerb- und Bitterstoffe. Sie wirken kräftigend, krampflösend, wassertreibend, gefäßabdichtend. **Wichtig:** Die Einnahme während der Schwangerschaft ist unbedingt zu vermeiden!

Ringelblume

Goldblume

(Calendula officinalis)

„Die Ringelblume ist kalt und feucht, und sie hat starke Grünkraft in sich, und sie ist gut gegen Gift. Denn wer Gift isst oder wem es verabreicht wurde, der koche Ringelblume in Wasser und nach Ausdrücken des Wassers lege er sie so warm auf seinen Magen und sie erweicht das Gift, und es wird von ihm ausgeschieden. Aber dieser Mensch wärme alsbald guten Wein, und er lege genug Ringelblume hinein, und damit wärme er wiederum den Wein, und weil er Gift genommen hat, trinke er so jenen halbwarmen Wein, und er schnäuzt das Gift entweder aus der Nase aus oder er wirft es durch den Schaum von sich aus."

Volksglauben

Die Ringelblume symbolisierte Anmut und Schönheit sowie treue Liebe und ist ein Symbol für die Unvergänglichkeit, weil sie den ganzen Sommer und Herbst über blüht. Das Abpflücken der Blumen sollte allerdings Gewitter heraufbeschwören. Die Ringelblume ließ sich auch zur Liebesweissagung im Traum verwenden. Sie wurde gemeinsam mit Sommerkräutern getrocknet, gemahlen und mit Honig und Essig zu einer Salbe verarbeitet. Junge Frauen trugen diese Salbe auf, bevor sie zu Bett gingen und riefen den Heiligen Lukas an, dass er sie von ihrer großen Liebe träumen lasse. Für die Bauern ließ sich mit Hilfe der Ringelblume das Tageswetter voraussagen. Waren die Blüten zwischen 6 und 7 Uhr bereits geöffnet, versprach dies einen sonnigen Tag. Waren sie jedoch nach 7 Uhr noch geschlossen, war mit Regen zu rechnen.

Anbau im Garten

Die Ringelblume ist eine einjährige, 20 bis 60 cm hohe, buschige Pflanze aus der Familie der Korbblütler. Die aufrechten, filzig behaarten Stängel tragen fein behaarte, wechselständige, ungeteilte Blätter. Am Ende der Triebe stehen einzeln cremegelbe bis tief orangefarbene Blütenkörbchen. Die Blütezeit ist von Juni bis Oktober.

Im Garten braucht die Ringelblume einen sonnigen Platz mit einem mittelschweren, nicht zu sandigen oder zu feuchten Boden. Von April bis Juni wird direkt ins Freiland an Ort und Stelle ausgesät. Die Pflanzen säen sich auch von selbst aus, die Blüten verlieren aber im Laufe der Zeit an Fülle, Farbe und Größe. **Tipp:** Ringelblume ist ein guter Gründünger und eignet sich auch sehr gut zur Schneckenabwehr.

Ernte und Aufbereitung

Man erntet die geöffneten Blüten bei sonnigem Wetter und trocknet sie rasch, jedoch ohne Anwendung von künstlicher Wärme an einem luftigen Ort. Man verwendet entweder die Strahlenblüten allein oder die ganzen Blüten.

Inhaltsstoffe und Wirkung

Die Ringelblume enthält ätherische Öle, Saponine, Bitterstoffe, Carotinoide, Flavonoide, Glykoside, Schleime, organische Säuren. Sie wirken krampflösend, blutreinigend, entzündungshemmend, wundheilungsfördernd.

Rose

Essigrose

(Rosa gallica)

„Die Rose ist kalt und diese Kälte hat eine nützliche Mischung in sich. Am frühen Morgen oder wenn der Tag schon angebrochen ist, nimm ein Rosenblatt, lege es auf deine Augen. Es zieht den Saft, das ist das Trieffen, heraus und macht sie klar. Aber auch wer etwas Geschwüre an seinem Körper hat, lege Rosenblätter darauf und es zieht ihnen den Schleim heraus... Wenn einen die Gicht plagt, lege er Rosen in Olivenöl und wo sich an seinem Körper die Gicht regt, dort reibe er sich damit ein und er wird es besser haben... Aber die Rose ist auch gut zu Tränken und zu Salben und zu allen Heilmitteln, wenn sie ihnen beigefügt wird, und sie sind umso besser, wenn ihnen etwas von der Rose beigefügt wird, wenn auch wenig, das heißt von ihren guten Kräften, wie oben gesagt wurde."

Volksglauben

Der Sage nach waren ursprünglich alle Rosen weiß. Als jedoch Venus dem verwundeten Adonis zu Hilfe kam, trat sie in einen Dornenstrauch, verletzte sich, und ihr Blut rötete alle Rosen. Bei den Germanen war die Rose der Liebesgöttin Freya geweiht. Nur am Freyatag (Freitag) durften Rosen zu Heilzwecken geschnitten werden, allerdings nur mit goldenen Werkzeugen. Die Wurzeln der Rosen galten als probates Mittel gegen die „Hundswut" (Tollwut) beim Menschen. War die Milch verhext, schlug die Bäuerin mit einer Hagebuttenrute ins Feuer.

Anbau im Garten

Die Essig- oder Gartenrose ist ein bis 150 cm hoher, aufrechter, ausdauernder Strauch aus der Familie der Rosengewächse. Er hat zahlreiche unterirdische Ausläufer. Die 50 bis 100 cm langen Triebe sind dicht mit unterschiedlich langen, geraden und zurückgebogenen Stacheln und Stieldrüsen besetzt. Die Laubblätter sind länglich, hellgrün, fünfzählig (selten auch dreizählig). Die Essigrose ist einmalblühend im Juni. Ihre duftenden Blüten messen 5 bis 6 cm im Durchmesser und sind meist hellrot bis purpurfarbig. Aus dieser Wildrose wurden im Laufe der Jahrhunderte die *Gallica*-Rosen gezüchtet mit halb- bis dichtgefüllten, rosa-, purpur- bis violettfarbenen Blüten.

Im Garten braucht die Essigrose einen sonnigen Standort mit mäßig feuchtem, humusreichem, sandig-lehmigem, durchlässigem Boden. Gepflanzt wird von Oktober bis November oder im zeitigen Frühjahr. Der Strauch benötigt Winterschutz und sollte im Frühjahr mäßig zurückgeschnitten werden.

Ernte und Aufbereitung

Die Blütenblätter von Rosen sammelt man kurz bevor die Blüte aufgeht, am besten morgens, wenn kein Tau mehr auf den Blüten liegt. Rosenöl wird durch Wasserdampf-Destillation aus den Blütenblättern gewonnen.

Inhaltsstoffe und Wirkung

Rosenblüten enthalten ätherisches Öl, Gerbstoffe, Anthocyane, Flavonyglykoside, Fruchtsäuren, Carotinoide, Rutin. Sie wirken desinfizierend, entzündungshemmend, kühlend, wundheilend.

Salbei

Edelsalbei

(Salvia officinalis)

„Der Salbei ist von warmer und trockener Natur, und er wächst mehr infolge der Sonnenwärme als infolge der Feuchtigkeit der Erde. Und er ist nützlich gegen die kranken Säfte, weil er trocken ist. Denn roh und gekocht ist er gut für jenen zu essen, den schädliche Säfte plagen, weil er diese unterdrückt. Nimm aber Salbei und pulverisiere ihn, und iss dieses Pulver mit Brot, und es vermindert den Überfluss der schlechten Säfte in dir… Aber wenn jemand Überfluss an schlechtem Schleim hat, oder wenn jemand stinkenden Atem hat, dann koche er Salbei in Wein, und dann seihe er es durch ein Tuch, und so trinke er oft, und die schlechten Säfte und der Schleim in ihm werden vermindert. Wenn nun jener, der diese Krankheiten hat, etwas an Gicht leidet, dann koche er Salbei in Wasser und trinke, und die Säfte und der Schleim wird ihm vermindert… Er soll auch Salbei in Wasser kochen, das Wasser durch ein Tuch seihen und es dann oft so trinken, wenn es noch warm ist. Dann wird er den Harn halten können und gesund werden."

Volksglauben

Der Legende nach fand die Heilige Familie auf der Flucht nach Ägypten Schutz unter einem Salbeistrauch, wodurch ihm die Kraft verliehen wurde, Kranke zu heilen. Ein alter Spruch besagt: „Warum soll der Mensch sterben, dem Salbei im Garten wächst?" Damit der Salbei gut wächst, sollte er am Karfreitag vor Sonnenaufgang beschnitten werden. Zum Schutz vor Hexen hängte man geweihte Salbeibüschel am Türstock auf. Um Mäuseplagen zu verhindern, musste man am Ulrichstag (4. Juli) um 12 Uhr mittags Wiesensalbei pflücken und ihn in Scheunen und Vorratskammern auslegen. Wer am Sonntag in der Kirche ein Salbeisträußlein bei sich trug, schlief während der Predigt nicht ein!

Anbau im Garten

Der Salbei ist ein 30 bis 60 cm hoher, aromatisch duftender, ausdauernder Halbstrauch aus der Familie der Lippenblütler. Die vierkantigen, filzig behaarten Stängel tragen elliptische, gegenständige, grünlichgraue, unterseits feinrunzlige Blätter. An den Enden der Triebe sitzen blauviolette, lockere Blütenkerzen. Die Blütezeit ist von Juni bis August.
Im Garten braucht der Salbei einen sonnigen Platz mit einem mäßig trockenen, durchlässigen, kalkhaltigen Boden. Die Aussaat ist im Frühjahr möglich, einfacher erfolgt die Vermehrung jedoch durch Kopfstecklinge, die vom Frühjahr bis zum Herbst geschnitten werden.

Ernte und Aufbereitung

Salbeiblätter können laufend geerntet werden, die jungen, zarten Blätter sind am würzigsten. Für Arzneizwecke werden sie vor der Blütezeit geerntet sowie rasch und schonend an einem schattigen Ort getrocknet.

Inhaltsstoffe und Wirkung

Salbei enthält ätherisches Öl, Bitter- und Gerbstoffe, Saponin, Bioflavonoide. Sie wirken antibakteriell, desinfizierend, entzündungshemmend, krampflösend, adstringierend.

Schafgarbe

Achilleskraut

(Achillea millefolium)

„Die Schafgarbe ist etwas warm und trocken, und sie hat gesonderte und feine Kräfte für Wunden. Denn wenn ein Mensch durch einen Schlag verletzt wird, wäscht man nachher die Wunde mit etwas Wein, und es soll in Wasser mäßig gekochte Schafgarbe, nachdem das Wasser mäßig ausgepresst wurde, so warm über jenes Tuch leicht gebunden werden, das auf der Wunde liegt. Und so nimmt sie der Wunde die Fäulnis und die Schwären, das heißt das Geschwür, und sie heilt die Wunde. Und so geschehe es oft, so lange es nötig ist. Aber nachdem die Wunde begonnen hat, sich ein wenig zusammenzuziehen und zu heilen, dann soll nach Wegwerfen des Tuches und ohne das Tuch die Schafgarbe auf die Wunde gelegt werden, und sie wird umso gesünder und vollkommener geheilt. Wer aber im Köperinneren eine Wunde erhielt, sei es, dass er durch Eisen verwundet oder innerlich verletzt wurde, der pulverisiere diese Schafgarbe, und er trinke jenes Pulver in warmem Wasser. Und wenn es ihm besser geht, dann nehme er dieses Pulver in warmem Wein, bis er geheilt ist."

Volksglauben

Der botanische Name *Achillea* geht auf Achilles, den sagenhaften Helden des trojanischen Krieges zurück, der die Pflanze zur Wundheilung verwendet haben soll. Kindern legte man Schafgarbenblätter auf die Augen, damit sie leichter einschliefen und schöne Träume hatten. Auch heiratswillige Mädchen hofften auf diese Weise im Traum ihren Liebsten zu sehen.

Anbau im Garten

Die Schafgarbe ist eine 40 bis 60 cm hohe, buschige, aromatisch riechende Staude aus der Familie der Korbblütler. Aus dem kriechenden Wurzelstock entwickeln sich zuerst Laubblattrosetten und danach die Blütentriebe. Die Blätter sind wechselständig, doppelt oder dreifach fiederspaltig, die Blütenstände in einer rispigen Scheindolde angeordnet. Die Scheibenblüten der Köpfchen sind weiß, die Zungenblüten weiß, rosa oder rot gefärbt. Die Blütezeit ist von Juni bis Oktober. Im Garten braucht die widerstandsfähige Pflanze einen sonnigen Platz mit mäßig feuchtem, nährstoffreichem Boden. Die Aussaat erfolgt am besten im Frühjahr. Die Pflanzen sind Lichtkeimer, deshalb werden die Samen nur ganz leicht mit Erde abgedeckt. Die Schafgarbe lässt sich durch Teilung des Wurzelstocks oder Kopfstecklinge vermehren.

Ernte und Aufbereitung

Geerntet wird das ganze blühende Kraut, indem man es handbreit über dem Boden abschneidet und dann gebündelt an einem schattigen, luftigen Ort zum Trocknen aufhängt.

Inhaltsstoffe und Wirkung

Die Schafgarbe enthält Bitter- und Gerbstoffe, ätherisches Öl, Harz, Inulin, Magnesium, Kalium. Sie wirken entzündungshemmend, antibakteriell, krampflösend, verdauungsfördernd.

Schöllkraut

Goldkraut

(Chelidonium majus)

„Das Schöllkraut ist sehr warm und enthält einen giftigen und schleimigen Saft. Denn es hat ein so schwarzes und herbes Gift in sich, dass es dem Menschen keine Gesundheit verleihen kann, denn wenn es irgendwie dem Menschen Gesundheit gäbe, würde es ihm auf andere Weise innerlich gröbere Krankheit verleihen… Wer aber etwas Unreines isst oder trinkt oder berührt, wovon er geschwürig im Körper wird, der nehme altes Fett und gebe ihm genug Saft vom Schöllkraut bei und zerstoße es damit und so zerlasse er es gleichzeitig in einer Schüssel und dann salbe er sich mit Talg und er wird geheilt… Das Schöllkraut lässt die Säfte im Menschen aufwallen, dagegen halten sie die übrigen aufgeführten Kräuter zurück, sodass sie nun den Menschen leicht verlassen können."

Volksglauben

Der goldgelbe Saft in allen Teilen des Schöllkrauts sollte Gelbsucht heilen können. Dazu füllte man 3 bis 9 Schöllkrautwurzeln zusammen mit ebenso vielen Wachsstückchen von geweihten Kerzen in ein Säckchen und trug es unter den Kleidern auf dem Rücken. So viele Wurzelstückchen, so viele Vaterunser mussten täglich gebetet werden. Nach neun Tagen warf man das Säckchen rückwärts ins Wasser, und die Gelbsucht sollte verschwunden sein. Den Saft verwendete man aber vor allem auch zum Vertreiben von Warzen. Er wurde bei abnehmendem Mond auf die Warzen geträufelt und dies so oft, bis sie verschwunden waren.

Anbau im Garten

Das Schöllkraut ist eine ausdauernde, 30 bis 100 cm hohe Staude aus der Familie der Mohngewächse. Die verzweigten, leicht behaarten Stängel tragen behaarte, wechselständige, unten gefiederte, oben nur noch fiederspaltige, bläulichgrüne Blätter und leuchtend goldgelbe Blüten. Alle Pflanzenteile führen einen gelben, ätzenden Milchsaft, der bei Kontakt die Haut braun verfärbt. Die Blütezeit ist von April bis September.
Im Garten braucht das Schöllkraut einen halbschattigen Standort, an den Boden stellt es keine besonderen Ansprüche. Die Vermehrung erfolgt durch Aussaat im Frühjahr.

Ernte und Aufbereitung

Geerntet werden das blühende Kraut und die Wurzel. Wegen des schwach giftigen, ätzenden Milchsaftes ist beim Sammeln Vorsicht geboten. Kraut und Wurzel kommen getrocknet in Teemischungen zur Anwendung.

Inhaltsstoffe und Wirkung

Das Schöllkraut enthält verschiedene Alkaloide, Saponine, ätherisches Öl, Carotinoide. Sie wirken bei innerlicher Anwendung krampflösend, zentralberuhigend, bei äußerlicher Anwendung leicht ätzend, antibakteriell. **Wichtig:** Prinzipiell ist bei innerlicher Anwendung ärztlicher Rat einzuholen.

Tausendgüldenkraut

Fieberkraut

(Centaurium erythraea)

„Das Tausendgüldenkraut ist warm und trocken, und wem ein Knochen in seinem Körper irgendwo gebrochen ist, der trinke oft Tausendgüldenkraut oder dessen Wurzel entweder in Wein oder mit Wasser gemischt, und der zerbrochene Knochen wird gleichzeitig zusammen geleimt. Aber dann wärme der Kranke auch Tausendgüldenkraut in Wasser, und nach Ausdrücken des Wassers lege er es oft warm auf die Stelle, wo der Knochen gebrochen ist und so pflege er die Stelle damit, und er wird geheilt werden... Aber derselbe, der an Gicht leidet, trinke oft Tausendgüldenkraut in Wein und die Gicht in ihm wird weichen."

Volksglauben

Der Sage nach erhielt das Tausendgüldenkraut seinen Namen, weil einst ein reicher Mann armen Leuten 1000 Gulden versprach, wenn sie ihm eine Pflanze gegen Fieber nennen würden. Im Mittelalter galt Tausendgüldenkraut als Universalheilmittel: „Wenn du Tausendgüldenkraut siehst, darfst du es niemals ungepflückt lassen. Selbst wenn du als Reiter auf dem Pferd daherkommst, so musst du anhalten, vom Pferd steigen, das Kräutlein pflücken und zu dir nehmen." Das Tausendgüldenkraut galt aber auch als geldvermehrend. Man pflückte es am Johannistag beim Mittagsläuten, trug es in der Börse mit sich, und das Geld ging einem nie aus. Zum Schutz vor Unwetterschäden und Blitz wurde das Kraut am Hausgiebel befestigt.

Anbau im Garten

Das Tausendgüldenkraut ist eine meist einjährige, 10 bis 50 cm hohe Pflanze aus der Familie der Enziangewächse. Aus einer grundständigen Blattrosette bildet sich ein vierkantiger Stängel mit kreuzgegenständig angeordneten, eiförmigen bis ovalen Blättern. Die in Trugdolden angeordneten rosafarbenen Blüten öffnen sich in der Sonne sternförmig. Die Blütezeit ist von Juli bis September. **Wichtig:** Das Tausendgüldenkraut ist streng geschützt!
Im Garten bevorzugt die Pflanze einen halbschattigen Standort mit trockenem, sandigem Boden. Jungpflanzen sind im Gartenfachhandel erhältlich.

Ernte und Aufbereitung

Geerntet wird das ganze Kraut während der Blüte. Man schneidet es über der Grundrosette ab, bündelt es und hängt es an einem luftigen Ort zum Trocknen auf.

Inhaltsstoffe und Wirkung

Das Tausendgüldenkraut enthält Bitterstoffglykoside, Flavonoide, Sterole. Sie wirken fiebersenkend, krampflösend, gallenflussfördernd, durchblutungsfördernd.

Veilchen

Duftveilchen

(Viola odorata)

„Das Veilchen ist zwischen warm und kalt. Aber es ist doch kalt und wächst von der Luft, nämlich wenn die Luft nach dem Winter zuerst beginnt, warm zu werden... Und es ist gut gegen die Verdunkelung der Augen. Nimm daher gutes Öl und bring es entweder an der Sonne oder am Feuer in einem warmen Topf zum Sieden, und wenn es siedet, wirf Veilchen hinein, damit es davon dick wird, und fülle es so in ein gläsernes Gefäß und bewahre es auf. Und abends salbe mit diesem Öl um die Augenlider und deine Augen, jedoch so, dass es die Augen inwendig nicht berührt, und es wird die Verdunkelung der Augen vertreiben."

Mythologie und Volksglauben

Bereits in der Antike erfreute man sich an der Blütenpracht des Veilchens, in Griechenland hatte sich ein regelrechter Veilchenkult entwickelt, überall wurden Veilchengärten angelegt. Dies veranlasste Homer zu der Bemerkung, dass die Olivenhaine vernachlässigt würden, nur damit Rosen, Veilchen und anderes duftendes „Unkraut" wachsen könnten. In der griechischen Mythologie soll die Tochter des Atlas in ein Veilchen verwandelt worden sein, als sie sich vor Apoll verbergen wollte. In der Bretagne werden am Karfreitag Veilchen ausgestreut, um den Frühling herbeizulocken. In deutschen Sagen ist das Veilchen eine Wunderblume, die verborgene Schätze anzeigt. In den Bergen, an Plätzen, an denen Veilchen wachsen, öffnen Zwerge Höhlen, in denen Reichtümer zu finden sind. In früheren Zeiten war das Veilchen Symbol für Unschuld, Reinheit, Bescheidenheit, Demut, Jungfräulichkeit, aber auch für Frühling und Fruchtbarkeit.

Anbau im Garten

Das Duftveilchen ist eine ausdauernde, 10 bis 25 cm hohe Staude aus der Familie der Veilchengewächse. Aus einem kriechenden, sich ausbreitenden Wurzelstock entwickeln sich die Blühtriebe und Ausläufer. Die Blätter sind herzförmig und gestielt. Die tiefvioletten Blüten duften intensiv. Die Blütezeit ist März/April, Nachblüte September/Oktober.
Im Garten braucht die Pflanze einen halbschattigen bis schattigen Platz mit leicht feuchtem, nährstoffreichem Boden. Die Aussaat erfolgt im Frühjahr, später sät sich die Pflanze von selbst aus. Sie kann aber auch durch vorsichtige Teilung oder Stecklinge vermehrt werden.

Ernte und Aufbereitung

Das ganze Kraut wird während der Blütezeit geerntet und an einem luftigen Ort getrocknet. Veilchen sind frisch essbar.

Inhaltsstoffe und Wirkung

Das Veilchen enthält Saponine, Bioflavonoide, ätherische Öle, Glykosid, Bitterstoffe, Odoratin. Sie wirken entzündungshemmend, krampflösend, blutreinigend.

Wacholder

Weihrauchbaum

(Juniperus communis)

„Der Wacholder ist mehr warm als kalt und bezeichnet das Übermaß. Nimm daher von seiner Frucht und koche sie in Wasser und seihe das Wasser durch ein Tuch und dann gib diesem Wasser Honig bei und etwas Essig und Süßholz und weniger Ingwer als Süßholz. Und so koche es nochmals und so füll es dann in ein Säcklein und mache einen Klartrank und trinke davon oft nach dem Essen und nüchtern und es mildert und mindert den Schmerz in der Brust oder in der Lunge und Leber. Aber nimm auch seine grünen Zweiglein und koche sie in Wasser und mach mit diesem Wasser ein Bad wie ein Dampfbad und bade darin oft, und es mildert die verschiedenen üblen Fieber in dir."

Volksglauben

Der Wacholder galt bereits bei den Ägyptern als wichtige Heilpflanze. Im Mittelalter wurde er bei ansteckenden Krankheiten verräuchert, da sein Rauch die krankmachenden Dämonen ausräucherte. Aus dieser Zeit stammt auch sein Ruf als Schutzbaum, denn sein Rauch sollte in den Pestzeiten vor Ansteckung schützen. Mit brennenden Scheiten räucherte man Krankenstuben aus. Der Wacholder galt auch als antidämonischer Strauch. Die Zweige mit den starren, stechenden Nadeln sollten den Teufel, Hexen und andere böse Geister abwehren. Wer ein Haus bauen wollte, der musste einen Wacholderstrauch ins Fundament legen, dann kam kein böser Geist ins Haus. Steckte man sich bei einer Wanderung einen Wacholderzweig auf den Hut, verhinderte das den „Wolf" (Wundlaufen). Die Wertschätzung der Pflanze spiegelt sich auch in dem alten Spruch wider: „Vor dem Holunder soll man den Hut ziehen und vor dem Wacholder die Knie beugen."

Anbau im Garten

Der Wacholder ist winterharter, immergrüner Strauch oder Baum aus der Familie der Zypressengewächse mit nadelförmigen, graugrünen, starren, spitzen Blättern. Die Blüten sind getrenntgeschlechtlich, weibliche und männliche kommen nur auf verschiedenen Pflanzen vor. Nach der Befruchtung reifen die beerenartigen Früchte heran. Reife Früchte sind rund, blauschwarz und duften aromatisch. Die Blütezeit ist April/Mai.
Im Garten bevorzugt der Wacholder einen sonnigen Standort mit magerem, durchlässigem, kalkhaltigem Boden. Die Anzucht erfolgt durch Samen oder Stecklinge im Frühjahr.

Ernte und Aufbereitung

Zur Ernte im Oktober breitet man am besten Tücher auf dem Boden aus und klopft die reifen Beeren ab. Dann werden die mit den Beeren heruntergefallenen Zweigteile und Blätter sorgfältig entfernt und die Früchte an einem luftigen Ort getrocknet.

Inhaltsstoffe und Wirkung

Der Wacholder enthält ätherisches Öl, Gerbstoffe und Harz. Sie wirken entwässernd, schmerzlindernd, antibakteriell, appetitanregend.

Wegerich

Spitzwegerich

(Plantago lanceolata)

„Der Wegerich ist warm und trocken. Nimm daher Wegerich und drücke seinen Saft aus, und nachdem er durch ein Tuch gesiebt ist, mische ihn mit Wein oder Honig und gib ihn jenem zu trinken, der von der Gicht geplagt wird, und die Gicht wird weichen… Und wer vom Stechen geplagt wird, der koche einige Blätter in Wasser, und nachdem das Wasser ausgedrückt ist lege er diese warm auf den Ort, wo es schmerzt, und das Stechen wird weichen. Und wenn eine Spinne oder ein anderer Wurm einen Menschen berührt oder sticht, dann soll er sofort mit Wegerichsaft die Stichstelle salben, und es wird ihm besser gehen."

Volksglauben

Der Wegerich galt, als es noch keine geteerten Straßen gab, als Wegweiser. Wo andere schon gelaufen oder geritten waren, war er zu finden. Er diente auch als Orakelpflanze, wenn man sein Blatt quer durchriss. Die herausstehenden Blattadern zeigten die Zahl der Sünden, Lügen, Liebhaber, der zu erwartenden Kinder oder Lebensjahre an. Wer in der Karfreitagnacht zwischen zwölf und ein Uhr früh eine Wegerichwurzel unbeschädigt ausgraben konnte, sie im kalten Wasser reinigte und sie dann bei sich trug, war geschützt gegen Schussverletzungen und Stiche.

Anbau im Garten

Der Spitzwegerich ist eine ausdauernde Pflanze aus der Familie der Wegerichgewächse, die mit einer stark faserigen Wurzel im Boden verankert ist. Die 20 bis 40 cm langen, schmallanzettlichen Blätter stehen in einer Grundrosette, aus deren Mitte 10 bis 40 cm lange Stängel entspringen. An ihrem Ende sitzt eine walzenförmige Ähre aus kleinen, unscheinbaren, zwittrigen Blüten. Die Blütezeit ist von April bis September.

Im Garten braucht der Wegerich einen sonnigen bis halbschattigen Platz mit trockenem bis feuchtem, nährstoffreichem bis mageren Boden. Die Vermehrung erfolgt durch Aussaat im Frühjahr.

Ernte und Aufbereitung

Die Spitzwegerichblätter erntet man bei sehr trockener Witterung. Wichtig ist, dass sie sehr sorgsam und zügig getrocknet werden. Am besten fädelt man die Blätter auf eine dünne Schnur und lässt sie an einem luftigen Ort trocknen. Wenn die Blätter zu lange zum Trocknen brauchen, bekommen sie schwarze Flecken und sind dann unbrauchbar.

Inhaltsstoffe und Wirkung

Der Wegerich enthält Schleim, Bitterstoffe, Kieselsäure, Glykosid (Aucubin). Sie wirken adstringierend, blutreinigend, blutstillend, entzündungshemmend, harntreibend, schleimlösend.

Wermut

Absinth

(Artemisia absinthium)

„Der Wermut ist sehr warm und sehr kräftig und ist der wichtigste Meister gegen alle Erschöpfungen. Denn von seinem Saft gieße genügend in warmen Wein und den Kopf des Menschen, wenn er schmerzt, befeuchte ganz bis zu den Augen und bis zu den Ohren und bis zum Nacken, und dies sollst du abends tun, wenn du schlafen gehst, und bedecke den ganzen Kopf mit einem wollenen Hut bis zum Morgen, und es unterdrückt den Schmerz des geschwollenen Kopfes und den Schmerz, der sich im Kopf „erbulset" von der Gicht und es vertreibt auch den inneren Kopfschmerz. Und gieße auch von seinem Saft in Baumöl, sodass das Öl jenen Saft um zwei Teile übertrifft und wärme es in einem gläsernen Gefäß an der Sonne, und bewahre es so auf für ein Jahr."

Volksglauben

Der Wermut fand als Heil- und magische Pflanze bereits in der Antike Verwendung. Er war der Göttin Artemis geweiht, daher stammt auch sein botanischer Name *Artemisia*. Der Wermut zählte zu den „Beschreikräutern", die Schutz vor schwarzer Magie boten und war schon immer eine Pflanze der Weihkräuterbuschen. Sehr große Bedeutung hatte der Wermut in Liebesangelegenheiten. Er tröstete bei Liebeskummer und half, den Weltschmerz besser zu verarbeiten. In die Schuhe gelegt, sollte er den Wanderer vor Erschöpfung bewahren, unter dem Kopfkissen gegen Albträume und Schlaflosigkeit helfen.

Anbau im Garten

Der Wermut ist ein mehrjähriger, 60 bis 150 cm hoher, am Grund verholzter Halbstrauch aus der Familie der Korbblütler. An grünlichweißen Stängeln sitzen seidig behaarte, stark gefiederte, oberseits graugrüne, unterseits weiß schimmernde, stark gefiederte Blätter. Die kleinen, kugeligen, gelben Blüten stehen in aufrechten Rispen. Die Blütezeit ist von Juni bis September.
Im Garten gedeiht der Wermut an einem sonnigen Standort auf kalkhaltigem, durchlässigem Boden, Nässe verträgt er nicht. Man kann die Pflanze aus Samen selbst anziehen, besser jedoch kauft man eine Pflanze beim Gärtner und setzt sie an eine Stelle, wo sie sich ausbreiten kann. Im Herbst kräftig zurückschneiden.

Ernte und Aufbereitung

Zur Blütezeit sollten vornehmlich die oberen zarteren Teile des Krauts geerntet werden. Man schneidet die Triebe ab, bündelt sie und hängt sie an einem luftigen Ort zum Trocknen auf.

Inhaltsstoffe und Wirkung

Der Wermut enthält ätherische Öle (Thujon, Thujol), Bitterstoffe (Absinthin, Anabsinthin) und Gerbstoffe. Sie wirken krampflösend, durchblutungsfördernd, verdauungsfördernd, appetitanregend.

Ysop

Bienenkraut

(Hyssopus officinalis)

„Der Ysop ist von trockener Natur und ist gemäßigt warm, und er ist von so großer Kraft, dass sogar der Stein ihm nicht widerstehen kann, der dort wächst, wo der Ysop hingesät wird. Und wenn man ihn oft isst, reinigt er den kranken und stinkenden Schaum der Säfte, wie die Wärme im Topf den Schaum aufwallen lässt, und der Ysop ist für alle Speisen nützlich. Gekocht oder pulverisiert ist er aber nützlicher als roh. Gegessen macht er die Leber „querck" und reinigt etwas die Lunge. Aber auch wer hustet und an der Leber Schmerzen hat und wer dämpfig ist und an der Lunge leidet, von denen soll jeder Ysop entweder mit Fleisch oder mit Fett essen, und es wird ihm besser werden. Wenn aber einer Ysop nur dem Wein oder nur dem Wasser beifügt und ihn isst, wird er mehr geschädigt als gefördert werden."

Geschichte

Der Name Ysop kommt aus dem Hebräischen. Einst mussten die Israeliten zur Reinigung von Sünden die Türpfosten und Oberschwelle ihrer Häuser mit dem Blut von Lämmern bestreichen und machten dies mit einem Büschel Ysop, weil er das Gerinnen des Blutes verhindern sollte. Im alten Rom bekamen die Gladiatoren Ysop, um länger durchzuhalten. Im Mittelalter benutzte man ihn als Streukraut für den Boden, um Gerüche zu binden. Der Volksname „Kirchenseppli" spielt darauf an, dass der Ysop als Weihwassersprengel genutzt wurde.

Anbau im Garten

Der Ysop ist ein mehrjähriger, 30 bis 60 cm hoher verholzender, aromatisch riechender Halbstrauch mit schmalen, lanzettlichen, behaarten, in Quirlen angeordneten Blättern. In den oberen Blattachseln stehen zahlreiche blauviolette, weiße oder rosafarbene Blüten in Scheinquirlen. Die Blütezeit ist von Juli bis Oktober. Im Garten gedeiht der Ysop gedeiht am besten an einem vollsonnigen Platz mit lockerem, etwas kalkhaltigem Boden. Ab März kann ins Frühbeet ausgesät werden. Am besten man kauft vorgezogene Pflanzen beim Gärtner, die man später teilen oder durch Kopfstecklinge vermehren kann. Die Pflanze benötigt Winterschutz.

Ernte und Aufbereitung

Geerntet wird das blühende Kraut, wobei darauf zu achten ist, dass man die oberen, zarten Triebe verwendet. Sie werden dann gebündelt und an einem luftigen Ort zum Trocknen aufgehängt.

Inhaltsstoffe und Wirkung

Der Ysop enthält ätherische Öle, Gerbstoffe, bittere Glykoside. Sie wirken entzündungshemmend, verdauungsfördernd, krampflösend, leicht harntreibend, appetitanregend.

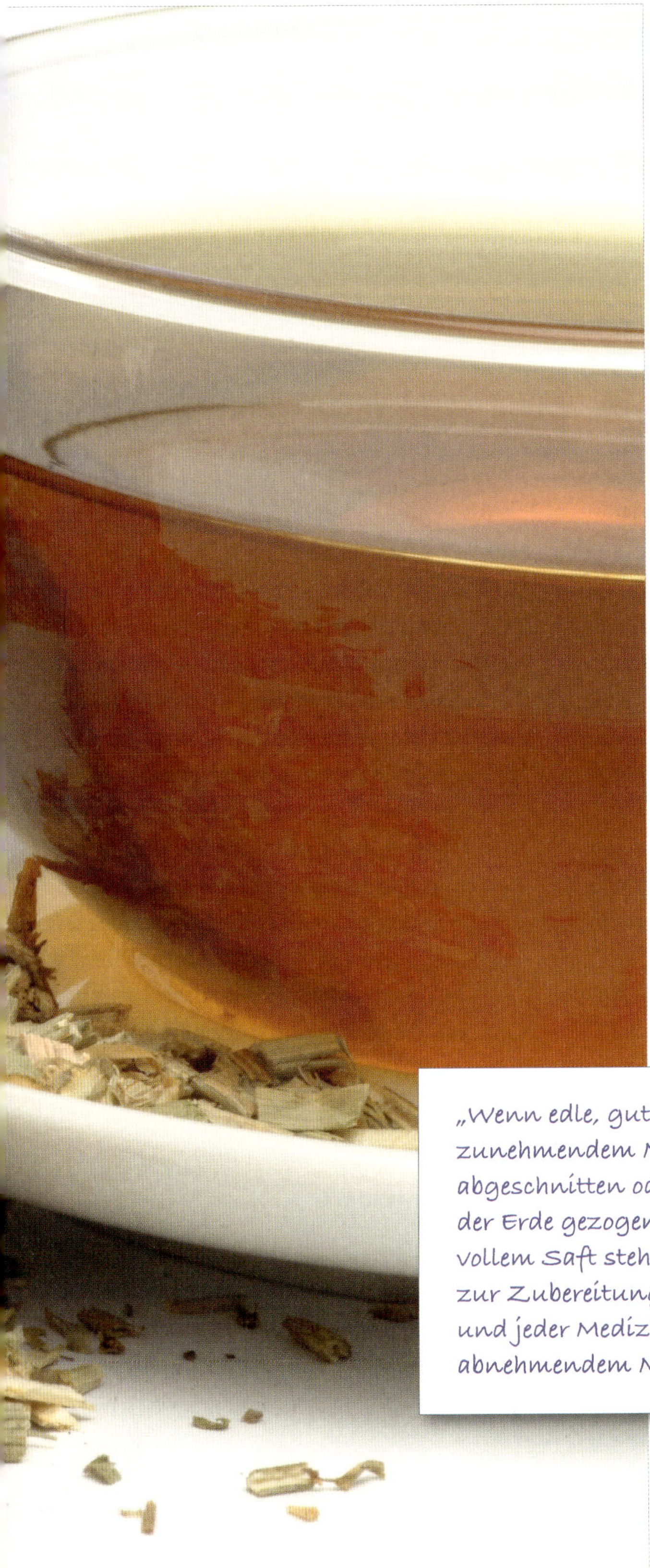

Rezepte für die Hausapotheke

Die ganzheitliche Heilkunde der Hildegard von Bingen ist heute für viele Menschen eine sinnvolle und wertvolle Ergänzung der Gesundheitspflege. Sie hat zum Ziel, den Menschen in seine seelische und körperliche Mitte zurückzuführen, und sie appelliert an unsere Eigenverantwortlichkeit gegenüber Gesundheit und Schöpfung.

„Wenn edle, gute Kräuter bei zunehmendem Mond vom Erdboden abgeschnitten oder mit der Wurzel aus der Erde gezogen werden, wenn sie in vollem Saft stehen, eignen sie sich besser zur Zubereitung von Latwergen, Salben und jeder Medizin, als wenn man sie bei abnehmendem Mond sammelt."

Hildegard von Bingen – die Naturärztin

Zu Hildegards Zeiten war der hohe medizinische Wissensstand der Antike fast vergessen. Die arabische Medizin drang erst allmählich nach Mitteleuropa vor. Hildegard musste sich also auf die überlieferten Kenntnisse der Volksmedizin, vor allem auf ihre eigenen Beobachtungen stützen. Es ist erstaunlich, wie detailliert sie manche Krankheiten und deren Ursachen beschreibt, denn sie hat keine medizinische Ausbildung genossen. Die mittelalterlichen Klöster waren allerdings nicht nur Heilstätten für die Seele, sondern auch für den Körper. In den meist angeschlossenen Spitälern wurden neben den Klosterangehörigen auch Reisende und Kranke betreut und gepflegt. Auf diesem Weg erlangte Hildegard einen reichen Erfahrungsschatz.

Der wichtigste Ansatz für Hildegard war die Untrennbarkeit von Körper und Seele. Damit nimmt sie die Diagnostik der modernen Psychosomatik vorweg, denn viele Krankheiten haben seelische Ursachen. Auch die Behandlung darf nicht nur den Körper einbeziehen, wenn es zur Gesundung kommen soll. Neben den spezifischen Heilmitteln, bei denen es sich meist um Kräuter handelt, betont Hildegard immer wieder die Bedeutung eines spirituellen Lebens in Gebet und Meditation – der Mensch kann also nur gesunden, „wenn Gott es will".

Es ist bezeichnend für Hildegards Sicht auf die Welt und die Stellung des Menschen in ihr, dass sie ihr großes Werk über die Heilkunde „Causae et Curae" mit Texten über die Schöpfung beginnt:

„Wie die Elemente die Welt zusammenhalten, so sorgen sie auch für den Zusammenhalt des menschlichen Körpers. Sie sind im Menschen enthalten und teilen sich ihre Aufgaben, um ihn zusammenzuhalten …"

Viele der von Hildegard vorgeschlagenen Kräuter kann man sammeln oder im Garten anbauen, nicht alle werden im vorliegenden Buch beschrieben. Die giftigen Pflanzen sind nicht berücksichtigt, weil ihr Einsatz in die Hand eines erfahrenen Naturarztes gehört. Bei einigen Pflanzen wie der Raute wird ein warnender Hinweis gegeben, denn auch Heilmittel aus der Natur können zu Nebenwirkungen führen. Die im Folgenden vorgestellten Hildegard-Rezepte sollten deshalb in jedem Fall erst nach Rücksprache und Abstimmung mit dem behandelnden Arzt oder Therapeuten angewendet werden.

Die angegebenen Rezepturen entsprechen im wesentlichen Hildegards Texten, wurden jedoch für den modernen Gebrauch überarbeitet. Viele werden mit Wein zubereitet: Da man ihn meist kocht, verliert er fast den gesamten Alkoholgehalt. Deshalb lassen sich die Rezepte auch bei Kindern anwenden.

Atemwegserkrankungen und Lungenleiden

Rezeptur: 40 bis 60 g frische oder getrocknete Alantblätter oder 30 bis 40 g frische oder getrocknete Alantwurzel in 1/2 l Wein einlegen und einen Tag lang stehen lassen. Den Kräuteransatz nach Bedarf immer frisch herstellen. Für Kinder löst man 4 EL Honig in 1/2 l abgekochtem, kaltem Wasser auf und legt darin die Pflanzenteile ein.
Anwendung: Von dem Alantwein oder dem Alant-Honigwasser täglich vor und nach den Mahlzeiten 2 EL einnehmen, bis die Beschwerden abgeklungen sind. Eine Anwendung von 4 bis 6 Wochen sollte aber nicht überschritten werden.

Rezeptur: 2 EL frisches oder getrocknetes Andornkraut 5 Minuten lang in 1/4 l Wasser kochen. Dann abseihen und den Andorntee mit 1/4 l (halbtrockenen) Rot- oder Weißwein und 2 EL Sahne nochmals 3 Minuten lang aufkochen lassen.
Anwendung: Von dem frisch zubereiteten Andorn-Rahm-Tee zweimal täglich eine Woche lang 1 Tasse vor dem Essen trinken.

Rezepte für die Hausapotheke

Rezeptur: Man nimmt 8 g Betramwurzel, 10 g frische oder getrocknete Brombeerblätter, 4 g frisches oder getrocknetes Ysopkraut und 10 g Honig und kocht alles zusammen 10 Minuten lang in 1/4 l Weißwein. Dann abseihen und in eine sterile Flasche abfüllen.
Anwendung: Davon 3-mal täglich etwa 2 Wochen lang nach kleinen Mahlzeiten 1 EL, nach größeren 2 EL einnehmen. Kinder nehmen 3-mal täglich 1 Tl.

Rezeptur: Man mischt 40 g frischen oder getrockneten Fenchel und 100 g frischen oder getrockneten Dill.
Anwendung: 2 EL der Kräutermischung werden auf einem Tonteller auf der Herdplatte geröstet. Die übrigen Kräuter isst man 3 bis 5 Tage lang auf einem Stück trockenem Brot.

Rezeptur: 40 g frisches oder getrocknetes Lungenkraut 5 Minuten in 1/4 l Wein kochen lassen, abseihen und in eine sterile Flasche füllen.
Anwendung: Vor den Mahlzeiten 2 EL angewärmt über 4 bis 6 Wochen einnehmen.

Rezeptur: 80 g frische oder getrocknete Königskerzenblüten und -blätter werden mit 80 g getrocknetem Fenchelsamen gemischt. 2 EL der Mischung in 1 l Weißwein (für Kinder in 1 l Wasser) 5 Minuten lang kochen. Abseihen und je nach Bedarf wieder aufwärmen (nicht kochen lassen!).
Anwendung: 3-mal täglich 1/8 l warm trinken. Kinder bekommen stündlich 1 TL (bis 3 Jahre) oder 1 EL (ab 3 Jahren) verabreicht.

Rezeptur: Für einen Kaltauszug legt man 20 g frisches oder getrocknetes Liebstöckelkraut, 20 g frische oder getrocknete Salbeiblätter und 40 g getrockneten Fenschelsamen in 1 l Wein und lässt es 2 Tage ziehen. Dann abseihen und in eine sterile Flasche füllen.
Anwendung: Nach den Mahlzeiten 2 EL kalt (bei leichten Beschwerden) oder leicht erwärmt (bei starken Beschwerden) so lange einnehmen, bis die Beschwerden abklingen.

Rezeptur: 1 EL klein geschnittene Pfingstrosenwurzel und -samen in 1/2 l Wein 5 Minuten kochen und abseihen. Die Pflanzenteile nicht wegwerfen, sie können in gleicher Weise wiederverwendet werden.
Anwendung: 3-mal täglich vor den Mahlzeiten 2 EL heiß einnehmen, bis die Beschwerden abklingen, aber nicht länger als 14 Tage.

Magen-Darm- und Verdauungsbeschwerden

Rezeptur/Anwendung: Bei Bedarf oder als Kur (3 bis 4 Wochen) einige frische, klein gehackte Bachminzeblätter in den Speisen mitkochen. Bei akuten Beschwerden können die Blätter auch gekaut werden.

Rezeptur: 30 g frisches Fenchelkraut, 30 g frisches Brennnesselkraut, 100 g frisches Liebstöckelkraut mischen und fein hacken. Die Kräuter einem Teig untermengen, der aus folgenden Zutaten besteht: 1 Ei, etwas Salz und eingeweichte Dinkelsemmeln. Daraus einen Knödel herstellen.
Anwendung: Als Kur über die Dauer von 4 bis 6 Wochen mindestens einen Knödel täglich als Suppeneinlage oder Beilage essen.

Rezeptur/Anwendung: 1 EL Weinessig, 1 EL Honig, 2 EL Wein mischen und leicht erwärmen. 2 Msp. Poleiminze-Pulver einrühren und dieses Gemisch einmal täglich über eine Kurdauer von 3 bis 4 Wochen vor einer Mahlzeit einnehmen. Bei chronischen Beschwerden sollte man zudem die Speisen mit 5 g frischen, klein geschnittenen Poleiminzeblättern würzen.

Rezeptur/Anwendung: Regelmäßig nach den Mahlzeiten 3 bis 4 frische (besser als getrocknete) Rautenblätter einnehmen. Die Kur sollte über mehrere Wochen fortgesetzt werden.

Rezeptur: 100 g zerkleinertes, frisches Sanikelkraut mit Wurzel (im Winter 50 g getrocknetes Sanikelkraut) 5 bis 10 Minuten in 2 l Wasser kochen, Pflanzenteile abseihen. Den Tee mit 200 g Honig und 50 g Süßholzsaft nochmals 3 Minuten aufkochen. Abgekühlt in eine sterile Flasche füllen.
Anwendung: 3-mal täglich nach den Mahlzeiten 2 EL so lange einnehmen, bis die Beschwerden abklingen, jedoch nicht länger als 2 Monate.

Fieber, Erkrankungen mit Fieber

Rezeptur: 2 EL frisches Basilikumkraut in 1 l Wein und 200 g Honig 5 Minuten kochen. Abseihen und in eine sterile Flasche füllen.
Anwendung: Jeweils vor und nach den Mahlzeiten sowie vor dem Schlafengehen 2 EL davon einnehmen.

Rezeptur: 2 EL frisches Bockshornkleekraut samt Samen in 1 l Wein aufkochen, danach abseihen und in eine sterile Flasche füllen.
Anwendung: Bockshornkleewein anwärmen und täglich vor den Mahlzeiten 2 EL einnehmen.

Rezeptur/Anwendung: 2 EL frisches Bockshornkleekraut in 1/2 l Wasser 3 Minuten kochen lassen. Kraut herausnehmen und Wasser auspressen. Das warme Kraut am Abend mit einem Leinentuch um die Unterschenkel binden. Zusätzlich wie vorab beschrieben den Bockshornkleewein trinken.

Rezeptur: 100 g frische Eibischblätter und -wurzel in 1/8 l Weinessig zerstoßen, damit der Saft ausdringt. Einige Stunden ziehen lassen, dann die Pflanzenteile abseihen. Den Eibischessig mit etwas Wasser verdünnen; er muss jeden Tag neu hergestellt werden.
Anwendung: Morgens nüchtern und abends vor dem Schlafengehen 2 EL über eine Dauer von maximal 8 Tagen einnehmen.

Sehstörungen und -schwäche, Augenkrankheiten

Rezeptur/Anwendung: Für die Herstellung einer Farnkompresse im Sommer die frischen, kräftig grünen Wedel in kleine Stücke schneiden und mit einem Baumwolltuch über den geschlossenen Augen festbinden. Möglichst über Nacht wirken lassen.

Rezeptur: Poleiminzeblätter zerkleinern und mit einem Küchentuch auspressen. Den gewonnenen Saft mit 80%igem Alkohol konservieren und in eine lichtundurchlässige Flasche füllen.
Anwendung: Täglich einmal über mehrere Wochen die Augenlider bis zu den Augenbrauen vorsichtig mit der Tinktur befeuchten. Nicht in die Augen bringen! Wenn es doch geschieht, sofort mit Wasser auswaschen.

Rezeptur/Anwendung: Bei tränenden Augen 2 EL frische Sellerieblätter und 2 EL frisches Fenchelkraut in einer Schale vermischen und zerreiben. Die Mischung in ein steif geschlagenes Eiweiß geben und mit Hilfe einer Augenklappe auf das betroffene Auge binden. Immer nur jeweils ein Auge behandeln.

Rezeptur: 4 bis 5 frische, klein geschnittene Veilchenblätter in 1/2 l Olivenöl einlegen, in eine weiße Glasflasche füllen und 10 Tage an einen sonnigen Platz stellen. Einige Tropfen Rosenöl zufügen.
Anwendung: Über einige Wochen hinweg mehrmals wöchentlich abends die Augenlider bis zu den Augenbrauen mit dem Öl einreiben. Nicht in die Augen bringen!

Rheuma, Gicht, Gelenkerkrankungen

Rezeptur: 40 g getrocknetes Bohnenkraut und 30 g getrocknete Salbeiblätter mischen und davon 1 TL in 250 ml warmen Fencheltee geben, mit Honig süßen.
Anwendung: Den Tee täglich schluckweise über den Tag verteilt trinken. Die Kur sollte über ein halbes bis ein Jahr fortgesetzt und nicht unterbrochen werden.

Rezeptur: 10 frische Frühlingsfarnwedel klein schneiden und in 5 l Wasser 15 Minuten kochen. Abseihen und das Farnwasser in das Badewasser (Temperatur etwa 37 °C) schütten und vermischen.
Anwendung: Über die Dauer von 3 bis 4 Wochen 2- bis 3-mal wöchentlich ein Bad nehmen (15 Minuten). Zu Beginn der Behandlung können sich die Beschwerden verstärken; dann eine Pause von einigen Tagen einlegen.

Rezeptur: Frische vor der Blüte geerntete Krauseminzeblätter klein schneiden und in einem Küchentuch auspressen. Den gewonnen Saft in 80%igem Alkohol ansetzen und mit Wein verdünnen.
Anwendung: Davon je nach Magenverträglichkeit (1 TL oder 2 EL) über eine Dauer von 4 Wochen vor dem Frühstück, dem Mittagessen und vor dem Schlafengehen einnehmen. Danach nur nach Bedarf.

Rezeptur: 2 TL frisches oder getrocknetes Tausendgüldenkraut mit 1/2 l kochendem Wein übergießen und etwa 10 Minuten lang ziehen lassen.
Anwendung: Täglich 1 bis 3 Tassen von dem warmen Wein trinken. Je eher man nach dem Einsetzen der Beschwerden mit der Behandlung beginnt, desto besser ist die Wirkung.

Rezeptur: 50 ml Wegerichsaft mit 1 l Wein (für Kinder mit 1 l Wasser und 100 g Honig) vermischen.
Anwendung: 2- bis 3-mal täglich vor den Mahlzeiten 2 EL Wegerichwein einnehmen, so lange, bis die Beschwerden abgeklungen sind.

Hauterkrankungen, infizierte Wunden und Ekzeme

Rezeptur/Anwendung: Frisches oder getrocknetes Eisenkraut (Menge je nach Größe der betroffenen Hautstelle) in einem Leinensäckchen 5 Minuten in Wasser kochen. Als Kompresse auf die betroffene Stelle legen. Sobald das Säckchen trocken ist, sollte die Behandlung wiederholt werden.

Rezeptur/Anwendung: 30 g klein geschnittenes, frisches Quendelkraut mit 50 ml Olivenöl verrühren. Einige Tropfen Rosenöl zufügen und über Nacht ziehen lassen. Am nächsten Tag erwärmen und durch ein feines Sieb in ein Salbentöpfchen gießen. Im Kühlschrank aufbewahren. Die Salbe mehrmals täglich auf die betroffenen Hautflächen auftragen.

Herzschwäche, Herz-Kreislauf- und Blutdruckbeschwerden

Rezeptur/Anwendung: 10 Stängel frisches Petersilienkraut, (bei stärkerer Entwässerung auch noch etwas klein geschnittene Petersilienwurzel) mit 3 EL Weinessig in 1 l Wein 5 Minuten lang kochen. 100 g Honig zufügen und nochmals 5 Minuten kochen. Abkühlen lassen, abseihen und in eine sterile Flasche füllen. Im Kühlschrank aufbewahren. Von dem Wein 2- bis 3-mal täglich 2 EL einnehmen.

Rezeptur/Anwendung: Fleisch- und Fischgerichte nur mit frischen (notfalls auch getrockneten) Königskerzenblättern und -blüten würzen und diese Gerichte 2- bis 3-mal wöchentlich essen, so lange, bis die Beschwerden abklingen.

Rezepte für die Küche

Obwohl Hildegard von Bingen nie ein Kochbuch geschrieben hat, so wusste sie doch, wie wichtig eine richtige Ernährung für die innere und äußere Gesundheit des Menschen ist. Ihre Ernährungslehre ist einerseits eng mit den „Küchenkenntnissen“ ihrer Zeit verbunden. Andererseits spielte für sie aber auch die spirituelle Seite der Ernährung eine große Rolle. Für Hildegard war es wichtig, dass der Mensch Körper, Geist und Seele durch eine ausgewogene Ernährung stärkt und somit im Einklang mit dem Kosmos ist.

„Wann immer der Körper des Menschen ohne Diskretion isst oder trinkt oder etwas anderes dieser Art verrichtet, werden die Kräfte der Seele verletzt, denn die Seele liebt das vernünftige Maß, und Essen und Trinken können ihr bei Unmäßigkeit Schaden zufügen.“

Hildegards Kräuter-Küche

Da Hildegard nie ein Kochbuch geschrieben hat, ist die „Hildegard-Küche" auf viele Vermutungen und Annahmen angewiesen. In ihrem großen naturwissenschaftlichen Werk „Physica" geht Hildegard ausführlich auf Pflanzen ein, die in der Küche verwendet werden können. Sie gibt auch das ein oder andere Rezept an, allerdings immer mit Blick auf die körperliche oder seelische Befindlichkeit des Menschen. Damit kommt man zu den wesentlichen Punkten, die Hildegard für die Ernährung des Menschen wichtig waren:

- Alles, was wir zu uns nehmen, baut nicht nur den Körper auf, sondern trägt auch zu dessen Gesundung bei, vorausgesetzt, man verwendet die richtigen Lebensmittel.
- Aber nicht nur der Körper wird ernährt, sondern auch die Seele. So gibt es Kräuter, Früchte und Fleischsorten, die fröhlich machen sollen oder niederdrücken können.

Obwohl sie zu ihrer Zeit noch nichts über Vitamine, Eiweiße und andere Inhaltsstoffe unserer täglichen Nahrung wissen konnte, erfasste Hildegard durch Intuition und Beobachtung, welche Nahrungsmittel dem Mensch zuträglich oder schädlich sein können. Hildegard war nie „Dogmatikerin", ihr wichtigster Leitspruch war der von der „discretio": Der Mensch soll in allem, auch in der Ernährung, das rechte Maß halten. Bereits der griechische Arzt Hippokrates empfahl: „Die Nahrungsmittel sollen unsere Heilmittel sein, unsere Heilmittel sollen die Nahrungsmittel sein." Dies ist ein Leitspruch, den man sich gerade auch heute immer bewusst machen sollte. Denn ein Großteil der westlichen Zivilisationskrankheiten ist ernährungsbedingt. Wenn Hildegard auch kein spezielles Werk über die Ernährungslehre geschrieben hat, so finden sich doch in ihren Büchern detaillierte Hinweise zur Ernährung von Gesunden und Kranken, mitunter sogar Kochrezepte. Ihre wesentlichen Vorgaben waren:

- Die Speisen sollen gesund, im Krankheitsfall sogar heilsam sein.
- Die Speisen sollen wohlschmeckend sein und den Menschen erfreuen. Denn nur ein fröhliches Herz kann Gott in der rechten Weise dienen.
- Die Speisen sollen den Menschen in Einklang mit dem Kosmos, also mit Gott bringen. Deshalb sollte die Ernährung auf die Jahreszeiten abgestimmt werden.

In ihren Schriften weist Hildegard stets darauf hin, dass Kräuter sowohl für gesunde als auch für kranke Menschen eine Bedeutung haben. Dabei handelt es sich nicht nur um im Garten kultivierte Würzpflanzen, sondern auch um die Wildkräuter. Kräuter runden nicht nur den Geschmack einer Speise ab, sie machen sie auch bekömmlicher und besser verdaulich. In den folgenden Rezepten werden Kräuter verwendet, die dieses Buch ausführlich in den Pflanzen-Portaits beschreibt.

Fenchelsalat mit Orangen

Zutaten:

2 kleine Fenchelknollen
2 kleine Äpfel
Saft einer Zitrone
2 Orangen
2 EL gehackte Haselnüsse
1/2 Banane
200 g saure Sahne
2 EL Öl
etwas frisch geriebener Meerrettich
einige Zweige Estragon
Salz und Pfeffer
1 TL Honig

Zubereitung:

Die saure Sahne mit dem Öl glatt rühren. Die Banane schälen und mit der Gabel zerdrücken. Mit dem Meerrettich und dem fein gehackten Estragon unter die Soße mischen und mit Salz, Pfeffer und Honig abschmecken. Fenchelknollen putzen, waschen und in feine Streifen schneiden. Fenchelgrün hacken und beiseite stellen. Äpfel waschen und fein würfeln. Beides mit Zitronensaft beträufeln und unter die Salatsoße mischen. Orangen schälen und mit einem scharfen Messer die Spalten heraustrennen. Den Salat mit den Orangenschalen, den gehackten Nüssen und dem Fenchelgrün garnieren.

Fenchel-Terrine

Zutaten:

1 kleine Zwiebel
1 Knoblauchzehe
1 EL Butterschmalz
300 g Fenchel
2 EL Wasser
1 Msp. Bertram
Salz
3 Msp. Agar Agar
2 EL Weißwein
40 g Crème fraîche
100 ml Schlagsahne
2 EL Sherry

Zubereitung:

Zwiebel und Knoblauch fein hacken und in Butterschmalz kurz andünsten. Fenchel grob würfeln und mitrösten. Mit Wasser ablöschen und zugedeckt weich dünsten. Dann mit Salz und Bertram würzen. Agar Agar im Weißwein auflösen und zu dem fast fertig gedünsteten Fenchel geben. 3 Minuten mitkochen lassen, anschließend passieren und auskühlen lassen. Crème fraiche, Sahne und Sherry in die abgekühlte Fenchelmasse rühren. Die Masse in eine Terrinenform oder in kleine Schälchen füllen und mindestens 2 Stunden kalt stellen.

Wildkräutersalat mit Veilchenblüten

Zutaten:
150 g Wildkräuter
(Sauerampfer, Löwenzahn, Brunnenkresse, Minze, Zitronenmelisse, Wegerich und Veilchenblüten)
2 EL Sonnenblumenöl
1 EL Zitronensaft
1 TL Senf
Pfeffer und Salz
2 EL ausgelassene Speckwürfel

Zubereitung:
Die sorgfältig verlesenen und gewaschenen Kräuter gut abtropfen lassen, größere Blätter klein schneiden. Öl, Zitronensaft, Senf, Salz und Pfeffer zu einer Marinade verrühren und unter die Kräuter heben. Zuletzt die Speckwürfel darüberstreuen.

Brunnenkressesalat

Zutaten:
200 g Brunnenkresse
4 EL Sahne
2 TL Zitronensaft
Salz und Pfeffer

Zubereitung:
Die Brunnenkresse verlesen, gründlich waschen und gut abtropfen lassen. Sahne und Zitronensaft mischen und mit Salz und Pfeffer (nach Geschmack auch mit etwas Honig) abschmecken. Die Soße über die Brunnenkresseblätter verteilen.

Brennnesselsalat

Zutaten:
100 g zarte Brennnesselblätter
2 EL Jogurt
1 TL Zitronensaft
etwas Zucker und Salz
1 EL fein gehackte Petersilie

Zubereitung:
Die Brennnesselblätter putzen, waschen und 15 Minuten in kaltes Wasser legen. Dann abtropfen lassen und fein schneiden. Jogurt mit Zitronensaft, Zucker und Salz zu einer Soße verrühren. Die gehackte Petersilie unter die Brennnesselblätter mischen und alles mit der Soße übergießen.

Waldorf-Salat

Zutaten:

350 g säuerliche Äpfel
200 g Sellerie
3 EL gehackte Walnüsse
125 g Schmand
2 TL Limettensaft
Salz und Pfeffer

Zubereitung:

Die Äpfel schälen und die Kerngehäuse entfernen. In feine Streifen schneiden. Sellerie schälen, ebenfalls in feine Streifen schneiden und mit den Äpfeln und den gehackten Walnüssen in einer Schüssel vermischen. Den Schmand mit dem Limettensaft verrühren und mit Salz und Pfeffer abschmecken. Mit der Apfel-Sellerie-Mischung verrühren und 2 Stunden durchziehen lassen.

Spitzwegerichsalat

Zutaten:

150 g Spitzwegerichblätter
2 EL Öl
Saft 1/2 Zitrone
Salz und Pfeffer
1 TL frischer oder getrockneter Thymian

Zubereitung:

Die Spitzwegerichblätter verlesen, abspülen und 15 Minuten in leicht gesalzenes Wasser legen. Die Blätter abtropfen lassen und klein schneiden. Das Öl mit Zitronensaft, Thymian, Salz und Pfeffer zu einer Soße verrühren und über den Salat geben.

Kräutersalat mit Dinkel

Zutaten:

200 g Dinkelkörner
100 g Hartkäsewürfel
2 Eier
je 1 EL Schnittlauch, Petersilie, Dill, Liebstöckel
1 Kopfsalat
1 Prise Salz
2 EL Zitronensaft
1/2 TL Senf
4 EL Schlagsahne
4 EL Quark

Zubereitung:

Die Dinkelkörner über Nacht einweichen. Dann bissfest garen, abtropfen und abkühlen lassen. Kräuter klein schneiden. Die Eier hart kochen, abschrecken und klein schneiden. Dinkelkörner, Eier, Käsewürfel und Kräuter in einer Schüssel vermischen. Aus Zitronensaft, Senf, Schlagsahne, Quark und Salz eine Marinade anrühren und unterheben. Salat waschen und Blätter gut abtropfen lassen. Darauf die Dinkel-Kräuter-Mischung anrichten.

Brennnesselsuppe

Zutaten:
1 EL Butter
1 kleine Zwiebel
250 g Brennnesselblätter
1 l Gemüsebrühe
1 EL Tomatenmark
1 TL Origano
Salz und Pfeffer

Zubereitung:
Die Zwiebel schälen, fein hacken und in der Butter andünsten. Die Brennnesselblätter verlesen, waschen und trockentupfen. Fein hacken und ebenfalls einige Minuten andünsten. Die Gemüsebrühe zugeben, Tomatenmark und Origano unterrühren und alles 10 Minuten auf kleiner Flamme köcheln lassen. Mit Salz und Pfeffer abschmecken.

Gründonnerstagssuppe

Zutaten:
150 g Wild- und Gartenkräuter
1 1/2 l Gemüsebrühe
50 ml Sahne
4 hart gekochte Eier

Zubereitung:
Alle Kräuter verlesen, waschen, abtropfen lassen und fein hacken. Die Gemüsebrühe zum Kochen bringen. Die Kräuter 5 bis 10 Minuten darin ziehen lassen. Die Sahne unterrühren. Die Eier halbieren und je zwei Eihälften in einen Suppenteller legen und mit der Suppe auffüllen.

Dicke Bohnen süß-sauer

Zutaten:
500 g dicke Bohnen (enthülst)
30 g frisches Bohnenkraut
1 EL Mehl
4 EL Sahne
Salz und Zucker
4 EL Weißweinessig

Zubereitung:
Die Dicken Bohnen 20 Minuten mit Wasser bissfest garen. Kurz vor dem Garwerden das Bohnenkraut hinzufügen. Die Sahne mit dem Mehl verrühren und unter die Bohnen mischen. Mit Essig, Salz und Zucker abschmecken.

Ausgebackene Selleriescheiben

Zutaten:
600 g Sellerieknollen (geputzt gewogen)
1 l Gemüsebrühe
Salz und Pfeffer
1 Ei
Paniermehl
Öl zum Ausbacken

Zubereitung:
Die Sellerieknollen in fingerdicke Scheiben schneiden und in der Gemüsebrühe in 10 Minuten bissfest garen. Abtropfen lassen und mit Salz und Pfeffer würzen. Das Ei verquirlen und die Selleriescheiben erst in Ei und dann im Paniermehl wenden.
Im heißen Öl goldgelb ausbacken.

Fenchelgemüse mit Nuss-Käse-Soße

Zutaten:

4 Fenchelknollen
1 l Gemüsebrühe
2 Ecken Sahne-Schmelzkäse
2 EL gemahlene Walnüsse
2 Knoblauchzehen
2 EL trockener Weißwein
2 TL Zitronensaft
1 Msp. Muskatnuss
1 EL gehackte Petersilie

Zubereitung:

Die Fenchelknollen waschen, putzen und halbieren. Das Fenchelgrün beiseite legen. 1/2 l Gemüsebrühe erhitzen und darin die Fenchelknollen etwa 20 Minuten garen. Danach auf eine feuerfeste Platte legen und im Backofen (80 °C) warm stellen. Für die Soße ebenfalls 1/2 l Gemüsebrühe erhitzen, den Schmelzkäse und die gemahlenen Walnüsse kräftig darin verrühren. Knoblauch schälen, zerdrücken, mit dem Wein und dem Zitronensaft zur Soße geben. Mit den Gewürzen abschmecken und die Kräuter sowie das beiseite gelegte Fenchelgrün unterziehen. Die warmen Fenchelknollen mit der Soße übergießen.

Rührei mit Kräutern

Zutaten:

6 Eier
2 EL Sahne
Salz und Pfeffer
2 Handvoll gemischte Kräuter
(Liebstöckel, Petersilie, Schnittlauch, Kerbel)
2 EL Butter

Zubereitung:

Die Eier mit der Sahne verquirlen, durch ein Sieb streichen und mit Salz und Pfeffer abschmecken. Die Kräuter waschen, trockentupfen, fein hacken und unter die Eimasse rühren. Die Butter in einer beschichteten Pfanne zergehen lassen und die Kräuter-Eimasse hineingießen. Sehr langsam stocken lassen, dabei mit einem Holzspatel schieben, bis das gerade eben gestockte Ei große Flocken bildet.

Petersilienbutter

Zutaten:
1 Bund frische, glatte Petersilie
125 g weiche Butter
Salz und Pfeffer

Zubereitung:
Die Petersilie waschen, trockentupfen und klein hacken. Gründlich mit der weichen Butter verrühren, mit Salz und Pfeffer abschmecken.

Pesto

Zutaten:
50 g abgezogene, gehackte Mandeln
50 g geriebener Parmesan
3 abgezogene Knoblauchzehen
1 Bund Basilikum
4 EL Olivenöl
Salz

Zubereitung:
Basilikum waschen, trockentupfen und fein hacken, Knoblauch schälen und klein hacken. Mit den Mandeln und dem Parmesan mischen und gut mit dem Olivenöl verrühren. Mit Salz abschmecken.

Grünes Knoblauchbrot

Zutaten:
1 Baguette
1 Bund frische, glatte Petersilie
1/2 Bund Dill
2 Knoblauchzehen
1 TL Salz
1/2 TL Zucker
100 g Sahne
weiche Butter zum Bestreichen

Zubereitung:
Baguette zweimal waagerecht durchschneiden. Die Kräuter waschen, trockentupfen und klein hacken. Die Knoblauchzehen schälen und grob hacken. Kräuter, Knoblauch, Salz, Zucker und Sahne im Mixer pürieren. Jeweils die beiden unteren Schnitthälften des Baguettes mit der Masse bestreichen und dann zusammensetzen. Die Oberflächen dünn mit der Butter bestreichen. Bei 200 °C 10 Minuten im Backofen backen. In Scheiben schneiden und warm servieren.

Minzesoße

Zutaten:

1/8 l Weißweinessig
4 EL Wasser
4 EL Zucker
1 großer Bund frische Minze
Salz

Zubereitung:

Den Essig mit Wasser und Zucker erhitzen, bis sich der Zucker gelöst hat. Die Minze waschen, trockentupfen und fein hacken. Unter die Flüssigkeit mischen und mit etwas Salz abschmecken.

Pfefferminzsirup

Zutaten:

4 große Handvoll Pfefferminzblätter
4 kg Rohrohrzucker
4 Zitronenscheiben
50 g Zitronensäure
2 l Wasser

Zubereitung:

Alle Zutaten in einer Glasschüssel anrühren und abgedeckt 5 Tage an die Sonne stellen. Jeden Tag 2-mal umrühren, damit sich der Zucker mit der Flüssigkeit vermischt. Anschließend den Sirup abseihen und in Flaschen füllen. Statt Pfefferminzblätter können auch 4 Handvoll Melissenblätter oder 40 Holderblüten verwendet werden.

Kräuterpaste für Fleisch

Zutaten:

1 Tasse Semmelbrösel
1 Tasse fein gehackte Kräuter
(Petersilie, Quendel, Ysop, Gundlrebe)
Sonnenblumenöl
2 Knoblauchzehen
2 TL Salz
1 Msp. Bertram

Zubereitung:

Die Semmelbrösel und die fein gehackten Kräuter in die Küchenmaschine geben und mit ausreichend Sonnenblumenöl eine kräftige Paste mixen. Die Paste mit dem Salz etwas würzen.
Das Fleisch gleichmäßig mit der Kräuterpaste bestreichen und bei 180 Grad rund 15 Minuten im Rohr überbacken.

Andornbuttermilch

Zutaten:
500 g Karotten
1/2 Bund Kerbel
1/2 Bund Petersilie
einige Andornblätter
1/2 l Buttermilch
2 EL Honig
Salz und Pfeffer
je 1 Prise Muskat, Cayennepfeffer

Zubereitung:
Die Karotten dünn schälen und entsaften. Kerbel, Petersilie und Andornblätter verlesen, waschen, gut abtropfen lassen, von die Stielen zupfen und zu den Karotten geben. Die Buttermilch angießen und das Ganze im Mixer oder mit dem Pürierstab pürieren. Den Honig gut unterrühren, mit Salz, Pfeffer, Cayennepfeffer abschmecken. Den Drink 1 Stunde in den Kühlschrank stellen und gekühlt servieren.

Brombeerlikör

Zutaten:
30 g Bertramwurzel
25 g Brombeerblätter
20 g Ysopkraut
15 g Origano
150 g Honig
2 l Wein

Zubereitung:
Die Kräutermischung zusammen mit dem Honig ca. 5 Minuten in Wein kochen, abseihen und heiß in Flaschen füllen. Den Brombeerlikör als Apéritiv (1-2 Likörgläser) nach einer großen Mahlzeit trinken.

Malvenblüten-Marmelade

Zutaten:
25 g Malvenblüten
1/2 l Wasser
1/2 l trockener Weißwein
1 Zimtstange
1 Vanilleschote
einige Nelken
1 kg Gelierzucker
Saft von 2 Zitronen

Zubereitung:
Die Malvenblüten mit dem Wasser, dem Wein, der Zimtstange, der Vanilleschote und den Nelken in einen Topf geben und einmal aufkochen lassen. Bei mäßiger Hitze 10 Minuten köcheln lassen. Beiseite stellen, erkalten lassen und durch ein Küchentuch passieren. Den Gelierzucker und Zitronensaft mit dem Malvenblütensaft vermischen und unter ständigem Rühren 5 Minuten kochen lassen. Das Gelee abschäumen und noch heiß in Einmachgläser füllen.

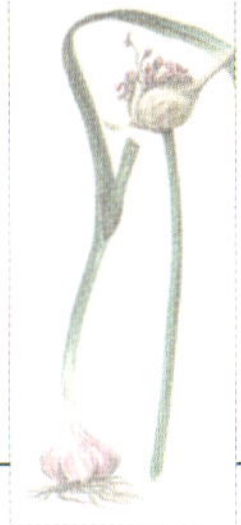

Dillsoße für Gurkensalat

Zutaten:
1 Becher Sahnedickmilch
2 EL mittelscharfer Senf
1 kleine Zwiebel
Salz und Pfeffer
1 Prise Cayennepfeffer
Saft 1/2 Zitrone
1 Bund Dill

Zubereitung:
Die Sahnedickmilch mit dem Senf glatt rühren, die fein gehackte Zwiebel untermischen. Mit Salz, Pfeffer, Cayennepfeffer und Zitronensaft kräftig abschmecken. Den Dill verlesen, waschen, fein hacken und in die Soße einrühren. Mit Dillzweigen garnieren.

Baldrian-Avocado-Drink

Zutaten:
2 Avocados
Saft von 2 Zitronen
3 EL Honig
1 Becher Sahne
Salz und weißer Pfeffer
1/2 l Mineralwasser (mit Kohlensäure)
2 El Baldriansaft

Zubereitung:
Die Avocados dünn schälen, halbieren und den Kern herauslösen. Das Fruchtfleisch in Würfel schneiden, mit Zitronensaft beträufeln, mit Honig, Sahne und Baldrian im Mixer pürieren. Den Drink mit Salz und Pfeffer abschmecken. In Gläser füllen und mit Mineralwasser auffüllen.

Knoblauch-Kräutercreme

Zutaten:
400 g Sahnequark
2 EL Sahne
4 Knoblauchzehen
1 TL Salz
je 1 Bund Kerbel, Basilikum
1 Kästchen Kresse
Salz und Pfeffer
Saft 1/2 Zitrone
einige Tropfen Worcestersoße
1 Prise Zucker

Zubereitung:
Den Sahnequark mit der Sahne und den geschälten, mit Salz zerriebenen Knoblauchzehen in einer Schüssel glatt rühren. Die verlesenen, gewaschenen, fein gehackten Kräuter untermischen. Mit Zitronensaft, Worcestersoße, Salz, Pfeffer und Zucker abschmecken.

Adressen Hildegard-Heilkräutergärten

Es gibt an vielen verschiedenen Orten Hildegard-Heilkräutergärten, in denen vor allem jene Heilkräuter angepflanzt werden, die Hildegard von Bingen in ihrem Werk „Physica“ beschrieben hat.

Der „Hildegard-Heilkräutergarten“ auf dem Rochusberg in Bingen

Er wurde nach streng benediktinischem Vorbild konzipiert. So enthält dieser Garten rechtwinklig mit Holzbohlen umfasste Hochbeete, auf die jeweils 1 bis 3 Pflanzen gesetzt werden. Er stellt ausschließlich 59 Pflanzen und 11 Bäume vor, die Hildegard in ihrer „Physica“ beschreibt. Aus den streng geometrisch angeordneten Beeten ergeben sich die Wegekreuze, die den Kreuzgängen der Klöster ihren Namen aufprägten. Im Garten werden auf Wunsch Führungen nach Hildegard von Bingen für Einzelpersonen oder Gruppen durchgeführt.

Informationen unter:
Tel. +49 (0)67 21 / 99 41 60
E-Mail: klastri@gmx.de

Der Hildegard-Lehrgarten in Winden im Elztal/Schwarzwald

Der Hildegard-Lehrgarten will zu Hildegard von Bingen führen, vom Hören über das Verstehen zum Leben. Er entsteht seit 1990 auf dem Hofgelände des Hildegard Freundeskreises Elztal in Winden, etwa 35 km nördlich von Freiburg/Breisgau. Im Lehrgarten sind nicht nur die Kräuter und Wildkräuter in großer Zahl vertreten, auch Sträucher, Bäume und Blumen zieren diesen einzigartigen Hildegard-Lehrgarten. Das Besondere ist auch, dass der Gartenbesucher immer wieder auf kleine Besinnungstexte aus den Werken Hildegards aufmerksam gemacht wird. Es gibt einige Sitzplätze und stille Ecken, in denen Gäste zum Verweilen eingeladen sind, um vom Alltag auszuruhen.
Das ganze Jahr über werden Führungen, Seminare und Kurse angeboten.

Informationen über: Edith Fehrenbach,
Dobelberg 1, 79279 Winden
Tel./Fax +49 (0)76 82 / 6 74 18
E-Mail: fehrenbach-edith@gmx.net

Hildegard-Kräutergarten Badenweiler

Im Jahr 2000 wurde im Kurpark in Badenweiler ein „Hildegard von Bingen Kräutergarten“ angelegt. Besichtigen kann man den Garten ganzjährig. Von April bis Oktober finden jeweils dienstags um 10.00 Uhr kostenlose Führungen statt.

Informationen über:
Badenweiler Thermen und Touristik GmbH,
Ernst Eisenlohr-Strasse 4, D-79410 Badenweiler
Tel. +49 (0)76 32 / 79 93 00
Fax +49 (0)76 32 / 79 93 99
E-Mail: touristik@badenweiler.de

Mariengarten in Goch-Nierswalde/Niederrhein

Der Mariengarten ist der wichtigste Gartenteil der „Heckenschule“, einem Seminarbetrieb mit verschiedenen Schaugärten, nahe der holländischen Grenze im Kreis Kleve. Neben Blumen, Bäumen und Kräutern, die im christlichen Brauchtum eine Rolle spielen, beherbergt der Garten vornehmlich „Marienpflanzen“ und einen Teil der pflanzlichen Heilmittel der Hildegard von Bingen. Ziel ist es, diese Sammlung zu komplettieren, um die Vielfalt und den Reichtum dieser „Apotheke Gottes“ dem Betrachter mit allen Sinnen nahe zu bringen. Der Mariengarten ist wie die anderen Gartenbe-

reiche der „Heckenschule“ an den Tagen der „Offenen Gartenpforte“ für Besucher geöffnet, es werden Führungen angeboten.

Informationen über:
Tel. +49 (0)28 23 / 41 94 19
Fax +49 (0)28 23 / 8 79 08 23
E-Mail: heckenschule@web.de

Der Heil- und Gewürzkräutergarten Mariastein

Am Beginn des Schweizer Juras liegt in sehr schöner Umgebung ca. 25 km südwestlich von Basel der Schweizer Wallfahrtsort Mariastein. Unweit der Klosterkirche befindet sich das von Franziskanerinnen geführte „Kurhaus Kreuz“. Im Park des Kurhauses wurde ein sehenswerter Heilkräutergarten angelegt. Bei der Bepflanzung legte man den Schwerpunkt auf die Küchenkräuter, die nach Hildegard von Bingen vor allem als Heilmittel verwendet werden.

Informationen über: Kurhaus Kreuz, CH-4115 Mariastein,
Tel. +41 (0) 61 / 7 35 12 12
Fax +41 (0) 61 / 7 35 12 13
E-Mail: kurhauskreuz@bluewin.ch

Hildegard von Bingen Kräutergarten auf Burg Lengenfeld

Die Burg Lengenfeld ist die größte Burganlage der Oberpfalz. Führungen mit Besichtigung des „Hildegard-Kräutergartens“ sind ganzjährig für Gruppen möglich.

Informationen über:
Tel. +49 (0) 94 71 / 59 80
www.der-kastelan.de.ms
E-Mail: derkastelan@web.de

Der „Hexengarten“ in Britzer Garten in Berlin-Neuköln

Im Rahmen der Bundesgartenschau 1985 wurde im Britzer Garten auch ein Heilpflanzen- und Kräutergarten, der „Hexengarten“, angelegt. Er liegt am südöstlichen Fuß des Aussichtsberges und zeigt eine Zusammenschau wichtiger mittelalterlicher Heil- und Zierpflanzen, Pflanzen des Volksaberglaubens und Kräuter, die im mittelalterlichen Haushalt verwendet wurden. Pflanzen, die Kaiser Karl der Große zum Anbau in seinen Landgütern empfahl, gedeihen im „Capitulare de villis“-Beet. Daneben findet sich eine Auswahl von Arzneikräutern, die Hildegard von Bingen beschrieben hat. Die Betreuung des Hexengartens erfolgt durch das Freilandlabor Britz. Im Rahmen von Führungen und Vorträgen werden die verschiedenen Pflanzen erklärt und Tipps zur Anlage von Kräuterbeeten und deren Pflege gegeben.

Informationen über:
Tel. +49 (0) 30 / 7 03 30 20
Fax: +49 (0) 30 / 701 312 32
E-Mail: Freilandlabor-Britz@t-online.de

Der Heilpflanzengarten in Celle

Er zählt mit 7000 m^2 zu den größten Heilpflanzengärten Europas und lädt zu einem Rundgang durch die vielfältige Welt der Heilpflanzen und der Pflanzenheilkunde ein. Die Beete entlang der Wasserader stellen herausragende historische Vertreter der volksmedizinischen Pflanzenheilkunde vor. Der Heilpflanzengarten Celle trägt in Konzeption und Anlage vor allem den vielen verschiedenen Ansätzen des Umgangs mit Heilpflanzen Rechnung.

Adressen Hildegard-Heilkräutergärten

Informationen über: Förderverein für den Heilpflanzengarten Celle e. V.
Wittinger Strasse 76, 29223 Celle
E-Mail: heilpflanzengarten.celle@t-online.de

Das Hildegard Naturhaus in Kirchberg

Das Hildegard Naturhaus wurde 1989 gegründet und hat sich seitdem ganz der Naturheilkunde verschrieben. Im „Hildegard Kräutergarten“ erlebt man auf 6000 m^2 einzigartige Biotope, eine große Vielfalt an heimischer Tierwelt und einige hundert Heilpflanzen der Hildegard-Medizin bzw. der allgemeinen Naturheilkunde, geordnet nach ihrer Heilwirkung.

Informationen über: Hildegard Naturhaus
Hönegger GmbH, Ersperding 3, A-5232 Kirchberg bei Mattighofen
Tel. +43 (0)77 47 / 54 54
Fax +43 (0)77 47 / 54 54 55
www.hildegard.at
E-Mail: office@hildegard.at

Weitere Adressen:

Hildegarten der Landesgartenschau 2008
An der Alten Stadthalle
55411 Bingen am Rhein

Hildegard von Bingen Heilpflanzengarten
Universität Hohenheim
70599 Stuttgart-Hohenheim

Meditationsgarten Kräuterlabyrinth
Kloster Benediktbeuern
83671 Benediktbeuern

Internationale Gesellschaft Hildegard von Bingen
Im Kirschgarten 4
55411 Bingen am Rhein

Literatur

Hildegard von Bingen: Heilkräfte der Natur (Physica). Pattloch Verlag München, 2. Auflage 2002

Hildegard von Bingen: Heilwissen (Causae et Curae). Pattloch Verlag, München, 3. Auflage 2002

Heidelore Kluge: Das große Hildegard von Bingen-Buch. Moewig Verlag, Hamburg

Mannfried Pahlow: Das große Buch der Heilpflanzen. Gräfe und Unzer, München, 2. Auflage 1987

Dieter Podlech: Natur-Heilpflanzenführer. Gräfe und Unzer, München, 3. Auflage 1991

Christa Weinrich OSB: Geheimnisse aus dem Klostergarten. Franckh-Kosmos, Stuttgart, 1998

Peter Seewald (Hrsg.): Die Gärten der Mönche. Wilhelm Heyne Verlag, München, 2004

Christiane Widmayr: Malve, Mangold und Melisse. BLV Verlagsgesellschaft, München 1999

Arten- und Sachregister

Sachregister

Arten- und Sachregister

Notizen

Impressum

Hinweis:
Die Anleitungen in diesem Buch sind sorgfältig recherchiert und geprüft worden, dennoch kann eine Garantie nicht übernommen werden. Eine Haftung für Personen-, Sach- und Vermögensschäden ist ausgeschlossen, soweit gesetzlich zulässig.

Moewig ist ein Imprint der edel entertainment GmbH

www.moewig.de | www.edel.de
Projektleitung und Redaktion: Verlagsbüro Kopp, München
Layout, Herstellung und Satz: GRAFIK + DESIGN, Heide Wülfert, München
Illustrationen: Elvira Mbodj, Archiv Verlagsgruppe Random House GmbH, München
Coverfotos: istockphoto.com / Olanga (u. M.); alle anderen Redeleit, Bienenbüttel
Covergestaltung: Carmen Goutte, Hamburg

Printed in Poland
ISBN 978-3-86803-269-7

Bildnachweis:
Archiv für Kunst und Geschichte (AKG): S.9; S.10
Interfoto: S.11, 2x; S.12; S.13; S.18; S.19; S.23
TopicMedia: S.8, 2x; S.15; S.16; S.17; S.20/21; S.22; S.24; S.30; S.32; S.33; S.34/35; S.38; S.39, 2x; S.40; S.48; S.53; S.55, 2x; S.114/115; S.116, 5x; S.117, 2x; S.118; S.119, 2x; S.120; S.121; S.122; S.123; S126, 4x; S.128; S.131; S.132; S.133; S.140, 3x; S.141, 2x; S.142, 2x
Redeleit: S.52; S.54; S. 124/125
Hans und Nils Reinhard: S.36; S.37; S.40, 6x; S. S.41; S.42; S.43; S.49; S.50; S.51, 3x; S.57; S.58/59; S.126, Mitte